/ 当代世界农业丛书 /

阿根廷农业

孙守钧　主编

中国农业出版社
北　京

图书在版编目（CIP）数据

阿根廷农业 / 孙守钧主编 . —北京：中国农业出版社，2021.12
（当代世界农业丛书）
ISBN 978-7-109-28469-2

Ⅰ.①阿…　Ⅱ.①孙…　Ⅲ.①农业经济－研究－阿根廷　Ⅳ.①F378.33

中国版本图书馆 CIP 数据核字（2021）第 131044 号

阿根廷农业
AGENTING NONGYE

中国农业出版社出版
地址：北京市朝阳区麦子店街 18 号楼
邮编：100125
出版人：陈邦勋
策划统筹：胡乐鸣　苑　荣　赵　刚　徐　晖　张丽四　闫保荣
策划编辑：边　疆　责任编辑：姚　佳
版式设计：王　晨　责任校对：沙凯霖
印刷：北京通州皇家印刷厂
版次：2021 年 12 月第 1 版
印次：2021 年 12 月北京第 1 次印刷
发行：新华书店北京发行所
开本：787mm×1092mm　1/16
印张：12.25
字数：220 千字
定价：65.00 元

当代世界农业丛书编委会

主　任：余欣荣

副主任：魏百刚　唐　珂　隋鹏飞　杜志雄　陈邦勋

编　委（按姓氏笔画排序）：

丁士军　刀青云　马学忠　马洪涛　王　晶

王凤忠　王文生　王勇辉　毛世平　尹昌斌

孔祥智　史俊宏　宁启文　朱满德　刘英杰

刘毅群　孙一恒　孙守钧　严东权　芦千文

苏　洋　李　岩　李　婷　李先德　李春顶

李柏军　杨东霞　杨敏丽　吴昌学　何秀荣

张　悦　张广胜　张永霞　张亚辉　张陆彪

苑　荣　周向阳　周应恒　周清波　封　岩

郝卫平　胡乐鸣　胡冰川　柯小华　聂凤英

高　芳　郭翔宇　曹　斌　崔宁波　蒋和平

韩一军　童玉娥　谢建民　潘伟光　魏　凤

本 书 编 写 组

主　　编：孙守钧

副 主 编：姜　岩　吴锡冬

编写人员（按姓氏笔画排序）：

丁　博　于佳佳　包曙光　刘　兵　李　明

周培禄　段苏虎　徐艳伟　曹高燊　窦艳芬

裴育希

序

| *Preface* |

  2018 年 6 月，习近平总书记在中央外事工作会议上提出"当前中国处于近代以来最好的发展时期，世界处于百年未有之大变局"的重大战略论断，对包括农业在内的各领域以创新的精神、开放的视野，认识新阶段、坚持新理念、谋划新格局具有重要指导意义。农业是衣食之源、民生之基。中国农业现代化取得举世瞩目的巨大成就，不仅为中国经济社会发展奠定了坚实基础，而且为当代世界农业发展提供了新经验、注入了新动力。与此同时，中国农业现代化的巨大进步，与中国不断学习借鉴世界农业现代化的先进技术和成功经验，与不断融入世界农业现代化的进程是分不开的。今天，在世界处于百年未有之大变局、世界经济全球化进程深入发展、中国农业现代化进入新阶段的重要历史时刻，更加深入、系统、全面地研究和了解世界农业变化及发展规律，同时从当代世界农业发展的角度，诠释中国农业现代化的成就及其经验，是当前我国农业工作重要而紧迫的任务。为贯彻国务院领导同志的要求，2019 年 7 月农业农村部决定组织编著出版"当代世界农业丛书"，专门成立了由部领导牵头的丛书编辑委员会，从全国遴选了相关部门（单位）负责人、对世界农业研究有造诣的权威专家学者和中国驻外使馆工作人员，参与丛书的编著工作。丛书共设 25 卷，包含 1 本总论卷（《当代世界农业》）和 24 本国别卷，国别卷涵盖了除中国外的所有 G20 成员，还有五大洲的其他一些农业重要国家和地区，尤其是发展中国家和地区。

在编写过程中，大家感到，丛书的编写，是一次对国内关于世界农业研究力量的总动员，业界很受鼓舞。编委会以及所有参与者表示一定要尽心尽责，把它编纂成高质量权威读物，使之对于促进中国与世界农业国际交流与合作，推动世界农业科研教学等有重要参考价值。但同时，大家也切实感到，至今我国对世界农业的研究基础薄弱，对发达国家（地区）与发展中国家（地区）的农业研究很不平衡，有关研究国外农业的理论成果少，基础资料少，获取国外资料存在诸多不便。编委会、各卷作者、编审人员本着认真负责、深入研究、质量第一的原则，克服新冠肺炎疫情带来的诸多困难。编委会多次组织召开专家研讨会，拟订丛书编写大纲、制订详细写作指南。各卷作者、编审人员千方百计收集资料，不厌其烦研讨，字斟句酌修改，一丝不苟地推进丛书编著工作。在初稿完成后，丛书编委会还先后组织农业农村部有关领导和专家对书稿进行反复审核，对有些书稿的部分章节做了大幅修改；之后又特别请中国国际问题研究院院长徐步、中国农业大学世界农业问题研究专家樊胜根对丛书进行审改。中国农业出版社高度重视，从领导到职工认真负责、精益求精。历经两年三个月时间，在国务院领导和农业农村部领导的关心、指导下，在所有参与者的无私奉献、辛勤努力下，丛书终于付梓与读者见面。在此，一并表示衷心感谢和敬意！

即便如此，呈现在广大读者面前的成书，也肯定存在许多不足之处，恳请广大读者和行业专家提出宝贵意见，以便修订再版时完善。

宗欣荣

2021 年 10 月

前言
|Foreword|

阿根廷位于南美洲南部，是拉丁美洲第三大经济体。气候多样，四季分明，除南部属寒带外，大部分为温带和亚热带，境内河流湖泊众多，农业生产用水充足，矿产资源丰富。

农业是阿根廷的支柱产业，农业年产值约占国民年生产总值的11.4%，每年全国税收总额的近1/10都来自农产品贸易。农业产业结构中，种植业以大豆等油料作物为主，畜牧业以养牛业为主，渔业以海洋捕捞为主。阿根廷是世界粮食和肉类的重要生产和出口国之一，素有"世界粮仓和肉库"之称，大豆、牛肉等大宗农产品在国际市场具有较强竞争力。目前，阿根廷是世界最大的豆粉、豆油、葵花籽油、蜂蜜、梨和柠檬出口国，第二大玉米、高粱出口国，第三大大豆出口国，以及小麦和牛肉的第五大出口国，农牧渔业产品及加工品的出口高居全国货物出口总额的60%。

中国与阿根廷于2014年建立全面战略伙伴关系。目前，我国已经成为阿根廷在全球的第二大贸易伙伴、第三大投资来源国，阿根廷是我国在拉丁美洲的第五大贸易伙伴。农业是中国与阿根廷经贸合作的重要领域，两国农产品贸易具有较强的互补性。我国从阿根廷进口的农产品包括油籽、大豆、畜产品、水产品等。

近年来，中国与阿根廷农业合作全面提速，在农业科技研发、种业、乳业、畜牧兽医、渔业、农产品贸易和农业投资等领域合作取得重大进展。在两国农业部门的推动下，农业科技交流也在不断增多，中国与阿根廷农业领域全产业链合作格局基本形成，从农产品贸易到农机制造，再到生物科技，中国与阿根廷农业合作正由窄变宽、由浅入深，更多的合作领域和机会将随之展现。

　　2021 年是中国实施"十四五"规划的开局之年，也是全面建设社会主义现代化国家新征程的第一年，开放的程度越来越高，加强同阿根廷的农业合作不但是两国政府的愿望，更是两国人民的愿望。为全面展现阿根廷农业全产业链情况，我们组织专家实地考察调研，并借助国际组织和政府数据信息编写成本书，旨在更全面地展现阿根廷农业全貌，深入挖掘开展农业合作的潜力，推动两国农业高质量发展。在本书编写过程中，农业农村部领导、农业农村部相关司局、中国农业出版社和有关专家给予了大力支持和帮助。谨向关心支持本书出版的所有人士表示衷心感谢！

　　由于时间仓促，书中难免存在不足之处，恳请读者批评指正。

编　者
2021 年 10 月

目 录

Contents

序
前言

第一章　阿根廷农业资源概况 ……………………………………………… 1

  第一节　阿根廷的地理分区及气象资源 …………………………… 2

  第二节　阿根廷土壤资源 ……………………………………………… 9

  第三节　阿根廷水资源 ……………………………………………… 16

  第四节　阿根廷林业资源 ……………………………………………… 22

  第五节　阿根廷渔业资源 ……………………………………………… 25

第二章　阿根廷农业生产 ………………………………………………… 29

  第一节　阿根廷农牧渔业的地理分区 …………………………… 29

  第二节　种植业 ……………………………………………………… 31

  第三节　林业 ………………………………………………………… 42

  第四节　畜牧业生产 ………………………………………………… 45

  第五节　渔业 ………………………………………………………… 53

第三章　农产品贸易与政策 ……………………………………………… 58

  第一节　阿根廷农产品贸易发展情况 …………………………… 58

  第二节　中国与阿根廷的农产品贸易情况 ……………………… 68

  第三节　阿根廷农业贸易相关政策 ……………………………… 70

第四章　阿根廷农产品价格变化 ……………………………………………… 75

第五章　阿根廷农业政策 ………………………………………………………… 83

　　第一节　阿根廷农业政策体系 ……………………………………………… 83

　　第二节　阿根廷农业投入和补贴政策 ……………………………………… 90

　　第三节　阿根廷农业保险政策 ……………………………………………… 91

　　第四节　阿根廷的农产品价格支持政策 …………………………………… 92

　　第五节　阿根廷的农村与农业金融政策 …………………………………… 94

第六章　阿根廷农业合作社 …………………………………………………… 97

　　第一节　阿根廷合作社概述 ………………………………………………… 97

　　第二节　阿根廷农业合作社的发展历程 …………………………………… 101

　　第三节　国家对合作社的政策法律支持 …………………………………… 103

第七章　阿根廷农业科技创新与推广体系 ……………………………… 106

　　第一节　农业科研机构构成及运行机制 …………………………………… 106

　　第二节　农业技术推广机构构成及运行机制 ……………………………… 107

　　第三节　阿根廷农业科技创新体系的特点 ………………………………… 108

　　第四节　阿根廷农业科技推广发展的经验 ………………………………… 113

第八章　阿根廷都市农业与休闲农业 …………………………………… 114

　　第一节　阿根廷休闲农业 …………………………………………………… 114

　　第二节　阿根廷的都市农业 ………………………………………………… 121

第九章　阿根廷农村社会公共服务与保障 ……………………………… 130

　　第一节　阿根廷农业保险 …………………………………………………… 130

　　第二节　阿根廷农村医疗 …………………………………………………… 138

　　第三节　农村社会保障 ……………………………………………………… 150

第十章　中国与阿根廷的农业合作 ……………………………………… 160

　　第一节　中国与阿根廷农业合作的基础 …………………………………… 160

第二节 中国与阿根廷农业合作的现状 ……………………………… 164

第三节 中国与阿根廷农业合作存在的问题 …………………………… 166

第四节 中国与阿根廷农业合作的展望 ……………………………… 168

第十一章 阿根廷农业发展的经验和启示 ……………………………… 173

第一节 阿根廷农业发展的经验 ……………………………… 173

第二节 阿根廷农业发展的启示 ……………………………… 179

参考文献 ……………………………………………………… 184

第一章 CHAPTER 1

阿根廷农业资源概况 ▶▶▶

　　阿根廷共和国，简称阿根廷，位于南美洲的南端，东濒大西洋，南与南极洲隔海相望，西同智利接壤，北接玻利维亚、巴拉圭，东北部与巴西和乌拉圭为邻。全国划分为 24 个行政单位，由 23 个省和联邦首都布宜诺斯艾利斯组成。布宜诺斯艾利斯是阿根廷的政治中心，也是经济、科技、文化和交通中心。阿根廷全国总面积为 278.04 万平方千米，全国边境线长 25 728 千米，南北最大距离为 3 693.8 千米，东西最大距离 1 460 千米，海岸线超过 5 000 千米。阿根廷地势由西向东逐渐低平。西部为山区，东部多为平原。海拔 100 米以下的地区占国土总面积的 23.90%，海拔在 101～200 米的地区占 21.02%，海拔在 201～500 米的地区占 19.35%，海拔在 501～2 000 米的地区占 25.45%。主要河流是拉普拉塔河（河口最宽处达 220 千米）及其上游的巴拉那河和乌拉圭河、巴拉圭河。阿根廷森林面积广阔，约有 12 530 万公顷，占国土面积的 45.06%。全国人口约为 4 385 万人（2016 年），人口密度为 16 人/平方千米。

　　阿根廷是世界重要的农业生产和出口国，被誉为"世界的粮仓肉库"。阿根廷自然条件优越，是传统的农业大国。阿根廷国土辽阔，大部分土地位于温带和热带气候区，日照充分、土地肥沃、雨量充足、水系资源丰富，是理想的农、牧、林生态区。畜牧水平发达，专业化程度较高，牲畜品种丰富。阿根廷东濒大西洋，南隔德雷克海峡与南极洲隔海相望，且扼守着麦哲伦海峡，渔业资源丰富，狭长的海岸线与广阔的大陆架为开发海洋经济与发展海洋贸易提供了便利的条件。一直以来，阿根廷因其丰富的自然资源、先进的农业科学技术和开放的外资政策，成为吸引外资、发展经济的有利条件。进入 20 世纪 90 年代，阿根廷政府采取了一系列新的农业政策，调整农业结构，改革流通体制，推广农业科技，支持农产品出口，农业得到稳步发展，逐步成为整个国民经济的支柱以及国家外汇和税收的主要来源。

第一节　阿根廷的地理分区及气象资源

阿根廷气候多样、四季分明，由于南北跨度大，拥有多种气候类型。根据柯本气候分类法，阿根廷有 11 种不同的气候类型：亚热带湿润气候（Cfa）、季风影响的亚热带湿润气候（Cwa）、温带海洋气候（Cfb）、半干旱草原气候（BSh，全年均温 18℃ 及以上且最冷月均温 18℃ 以下）、亚热带高原气候（Cwb）、沙漠气候（BWh）、半干旱草原气候（BSk，全年均温 18℃ 以下）、寒冷的沙漠气候（BWk）、地中海气候（Csb）、海洋气候（Cfc）和寒带苔原气候（ET）。因此，阿根廷的亚热带雨林、半干旱和干旱地区、潘帕斯草原的温带平原和南方寒冷的亚南极地区有各种各样的生物群落。尽管生物群落具有多样性，但阿根廷约 2/3 的土地是干旱或半干旱的。根据气候、地形、植被等特点，可以将阿根廷划分为 7 个地理区域：西北地区、美索不达米亚、查科平原、库约、潘帕斯草原、巴塔哥尼亚、南大西洋群岛和阿根廷南极洲部分。总体而言，北部地区夏季的特点是炎热、潮湿、多雨，而冬季温和，并有周期性的干旱。东北美索不达米亚地区的特点是全年高温和降水丰富，很少出现干旱。西面的查科地区是阿根廷最温暖的地区，而降水由东向西逐渐减少，导致植被从东部的森林转变为西部的灌木。阿根廷西北部气候以干燥炎热为主，而崎岖的地形又使其气候变得多样。阿根廷中部地区包括东部的潘帕斯和西部较干燥的库约地区，夏季炎热，龙卷风和雷暴天气频繁，冬季凉爽干燥。南部巴塔哥尼亚受南太平洋西风气流的影响，海洋潮湿空气被带进大陆，在西风气流吹过南美洲的西海岸和安第斯山脉时，被山地抬升，潮湿空气冷却、凝聚，在山脉西坡形成降雨，当进入巴塔哥尼亚时，空气已经干燥。此外，受地势影响，全国高海拔地区都会经历较凉的天气，山区可能会出现降雪。

一、西北地区

西北地区包括胡胡伊省、萨尔塔省、卡塔马卡省、图库曼省、拉里奥哈省和圣地亚哥—德尔埃斯特罗省。阿根廷西北部地形崎岖多变，气候多种多样，这是由海拔、温度和降水分布决定的，因此植被分布也会有所不同。根据柯本气候分类，该地区有4种不同的气候类型：半干旱（BS）、干旱（BW）、无旱季的温带和有旱季的温带（分别为CF和CW）。在海拔最高的地方为高山气候。

（一）降水

温带山谷是萨尔塔和胡胡伊等主要城市的所在地，年平均降水量在500～1 000毫米，降雨主要集中在夏季，降雨时间往往很短但量很大。该地区南部的山谷比北部更干燥，这是因为安第斯山脉和东部山坡上的潘帕斯山脉比北部山区更高，形成了一个显著的地形屏障，阻挡了来自大西洋和太平洋的潮湿风，这些山谷每年的降水量不到200毫米。普纳地区更靠西的地区，平均海拔3 900米，由于安第斯山脉阻挡了东风和潘帕斯山脉向西北延伸，基本是一片沙漠。普纳地区的年平均降水量不到200毫米，而高隔离度、强风和低湿度加剧了干燥状况。

（二）温度

阿根廷西北部的气温因海拔而异。温带山谷气候夏季温和，冬季干燥凉爽，常有霜冻。在乌马瓦卡山谷，根据海拔的不同，年平均气温在12.0～14.1℃。萨尔塔省卡尔查基山谷气候温和干旱，热浪大，夏季漫长，无霜期长。南部的拉里奥哈省、卡塔马卡省和圣地亚哥—德尔埃斯特罗省的西南部属于干旱的查科生态区，夏季气温非常高，1月平均气温为26℃，冬季温和，平均气温为12℃。来自南方的冷锋带来的南极冷空气可能会在拉里奥哈省和卡塔马卡省的山谷造成严重的霜冻。普纳地区的气温要冷得多，由于海拔高，年平均气温不到10℃。普纳地区的特点是寒冷，日较差大，但全年阳光充足。阿根廷西北部地区适合水果生产。

二、美索不达米亚地区

美索不达米亚地区是阿根廷东北部东北—西南方向的狭长地理区域，包括米西奥内斯省、科连特斯省和恩特雷里奥斯省，位于查科省以东，北部与巴拉圭接壤，东北部与巴西接壤，东南部与乌拉圭接壤，是一个100～300千米宽

3

的狭窄地带。米西奥内斯省位于巴拉那河和乌拉圭河的上游，海拔高度高于美索不达米亚其他地区。巴拉那河从巴拉那高原边缘落入一处宽广的裂口，形成伊瓜苏瀑布。科连特斯省是一个地势低洼的亚热带省份，有平原、河流、湖泊和沼泽，东部海拔略高，该省的主要特色是在中北部具有广阔的湿地。恩特雷里奥斯省位于起伏的平原上，在北部及其东部和西部的边缘是被森林覆盖的丘陵山脉。该省的南部逐渐缩小，成为西北拉普拉塔河河口的巴拉那三角洲地区。狭窄的低地向南延伸 1 600 千米，最后与拉普拉塔河以南的潘帕斯草原融合。美索不达米亚在希腊语中是"河流之间"的意思，该地区位于巴拉那河和乌拉圭河之间，因此得名。美索不达米亚东北部是由巴西巴拉那高原向东南延伸而成，以亚热带气候为主，北部为炎热潮湿的热带气候，南部逐渐变为温带半湿润气候。

（一）降水

根据柯本气候分类法，美索不达米亚属于潮湿的亚热带湿润气候（Cfa）。气候的主要特征是全年气温高、雨量充沛，年平均降水量从南部不到 1 000 毫米到东部约 1 800 毫米不等。夏季降水量略高于冬季，一般自东向西、自北向南递减。夏季降水量从最低的 300 毫米到最高的 450 毫米不等，大部分降雨都来自强对流的雷雨天气。秋天是降水量最多的季节之一，许多地方的降水量超过 350 毫米，降水量仍来自强对流的雷雨天气。冬季是最干燥的季节，降水量从西部不到 40 毫米到东部超过 340 毫米不等，冬季的大部分降水与冷暖气团的锋面移动有关，特别是 Sudestada（西班牙语中强东南风的意思）带来了长时间的降雨、多云、较低的温度和大风。春季和秋季相似，平均降水量为 340 毫米。

（二）温度

美索不达米亚地区年平均温度为 17～21℃。夏天炎热潮湿，冬天温和。大部分地区的 1 月平均气温为 25℃，但米西奥内斯省的山地温度由于海拔较高而较低。在热浪中，夏季的温度可能会超过 40℃，而在冬季，南方的冷空气团会把温度推低至冰点以下，从而导致结霜。但是，这样的冷锋较简短，强度不如更南地区或更高海拔的地区。

三、查科平原地区

查科平原是南美洲中南部内陆的低地冲积平原，包括阿根廷的查科省（Chaco，CHA）、福莫萨省（Formosa，FOR）。该名称起源于盖丘亚语，意为"狩猎之地"。海拔在100～400米。大查科地区属于非常炎热的亚热带至热带气候，夏季潮湿，冬季温和干燥。该地区有大量的季节性降雨和周期性干旱。生长矮树林和草丛，只有两条常流的河流流过，几乎没有公路或铁路，大部分地区无人居住。它的西部是安第斯山脉，东部是巴拉圭河和巴拉那河。

（一）降水

查科地区位于阿根廷中北部，属亚热带气候，夏季炎热潮湿，冬季温和干燥。根据柯本气候分类，西部为半干旱气候（BS），东部为湿润的亚热带湿润气候（Cfa）。查科是世界上为数不多的位于热带和温带纬度之间的非沙漠自然地区之一。整个地区的降水和温度相对均匀。年平均降水量从福莫萨省东部的1 200毫米到西部和西南部的450～500毫米的低降水量不等。夏季降水量最大，暴雨也很常见，偶尔还会引发洪水和水土流失。在冬季的几个月里，降水稀少。由于更多地受到来自大西洋的潮湿空气的影响，东部地区比西部地区获得更多的降水，因此，东部地区被森林、稀树草原、沼泽和亚热带湿润森林覆盖，西部地区以中低林和旱生乔木以及茂密的灌木和草本植物为主。

（二）温度

查科地区年平均气温为23℃，夏季平均气温偶尔达到28℃。冬天温和而短暂，7月的平均气温从北部的16℃到最南端的14℃不等。夏季气温最高可达49℃，寒潮期间可降至−6℃。

四、库约地区

居住在该地区土著人的语言中，库约意为"砂岩土地"或"沙漠之乡"，是一个干旱肥沃的地区，位于阿根廷中西部，在安第斯山脉脚下，包括圣胡安省、圣路易斯省和门多萨省。该地区的纬度范围很广，海拔从500米到近

5

7 000米不等,这意味着它拥有各种不同的气候类型。总体而言,该区域大部分地区气候温和,在海拔最高的地方(超过 4 000 米)常年结冰。

（一）降水

库约地区年平均降水量在 100～500 毫米,虽然,每年降水时间有所不同,但每年 85% 以上的降水发生在 10 月至次年 3 月。该区域的东部和东南部地区比西部地区获得更多的降水,因为它们获得了更多的夏季降雨。因此,门多萨省和圣胡安省的大多数地区年降水量最低,夏季平均降水量不到 100 毫米,在极少数情况下,没有夏季降水。再往东,在圣路易斯省,夏季平均降水量约为 500 毫米,在某些地区可能超过 700 毫米。在冬季,较高海拔的地区会以雪的形式出现降水。在库约地区,年降水量逐年变化很大,并且似乎遵循干、湿年的周期,周期约为 2 年、4～5 年、6～8 年和 16～22 年。在潮湿的年份,由亚热带南大西洋高压造成的东风较强,这会导致更多的水分流向该地区;在干旱年份,这些风比较弱。

（二）温度

库约地区年平均温度为 13～15.5℃。该地区的夏季炎热,通常非常晴朗,每天有平均多达 10 小时的日照时间。该地区大部分区域 1 月的平均气温为 24℃。相比之下,冬天干冷,每天平均日照时间为 7～8 小时。7 月的温度范围为 7～8℃。由于该地区的海拔范围从 500 米到近 7 000 米,因此温度会随海拔高度变化很大。穿越圣胡安省和圣路易斯省的塞拉内加潘普拉亚纳斯山脉气候温和,年平均气温为 12～18℃。在海拔超过 3 800 米的所有位置,都存在永久冻土,而海拔超过 4 000 米的冰冻状况则全年持续。该地区的特点是白天温度很高,随后是寒冷的夜晚。

佐达风,具有焚风特征,温暖、干燥的空气可以使气温超过 30℃,在某些时候(例如 2003 年),温度可能会超过 45℃。这种风通常发生在冷锋经过阿根廷之前,由于暖湿气流吹向山岭时,在迎风坡被抬升,水汽凝结成雨下降而使空气变干,同时水汽凝结放出潜热,温度可能会在几小时内上升多达 20℃。在佐达风事件中湿度接近 0%。相比之下,由于安第斯山脉从南部引导冷空气,冷浪也很普遍,冬季经常出现冷锋,导致温度可能降至冰点以下。在较高的海拔高度,温度可能会降至 −10～−30℃。安第斯山脉的高山融雪是灌溉的主要来源，纯净的融水滋养了该地区的主要河流——贝尔梅霍河、哈查尔河和圣胡安河等，河上筑有水坝，可用于灌溉和发电。大陆性气候、土壤的异质性和高山融雪是优质葡萄酒生产的关键因素。库约地区集中了阿根廷95%的葡萄种植面积，促使葡萄酒业的传承和高度发展，库约葡萄园是南美洲最富产葡萄的地区，也是世界重要的葡萄酒产地之一，具有悠久的葡萄酒文化。

五、潘帕斯地区

潘帕斯是印第安丘克亚语，意为"没有树木的大草原"。潘帕斯草原又称南美草原或阿根廷草原，是南美洲亚热带湿润气候下的高草草原，位于南美洲南部，北连格连查科草原，南接巴塔哥尼亚高原，西抵安第斯山麓，东达大西洋岸。包括布宜诺斯艾利斯省、拉潘帕省、科尔多瓦省和圣菲省。它被细分为两个部分：东部潮湿的潘帕斯和西部干旱/半干旱的潘帕斯。该地区的土地适合农业和畜牧活动，它大部分是平坦的地区，只有南部的坦迪尔山脉和文塔纳山脉间隔了它。南美大草原的气候为温带湿润气候，没有旱季，夏季炎热，冬季温和。潘帕斯地区的天气是可变的，南方的海洋极地空气会产生凉爽的潘普洛风，而北方温暖潮湿的热带空气会产生闷热的北欧风，通常东北部和南大西洋高压形成的轻风带来多云、炎热和潮湿的天气，并带来热浪。潘帕斯地区受到厄尔尼诺—拉尼娜的影响，后者是年降水量变化的原因。厄尔尼诺年份通常有较多的降水量，而拉尼娜年份则降水量少。潘帕斯地区阳光充足，冬季平均每天日照时间为4～5小时，夏季平均日照时间为8～9小时。

（一）降水

潘帕斯地区降水量从东向西逐渐减少，范围为从东北的1 200毫米到南部和西部的500毫米以下。大多数地区每年的降水量为700～800毫米。全年东部地区的降水量相当均匀，而在西部地区，大部分降水集中在夏季，冬季则较干燥。在许多地方，夏季降水量很高，主要以强对流雷暴的形式出现，这些严重的雷暴产生大量的降水和冰雹，并可能导致山洪暴发。潘帕斯地区是龙卷风活跃地区。东部地区在整个秋季都有降雨，而西部地区在秋季变得非常干燥。在冬季，大部分降水来自与回旋作用和强南风相关的额叶系统，由于西部地区则远离这些额叶系统，降水在东部地区比西部地区分布更均匀。潘帕斯地区的冬季以暗淡、潮湿的天气为特征，降雪极为罕见，即使下雪通常也只持续 1～2 天。

（二）温度

潘帕斯地区年温度范围为从北部的 17℃到南部的 14℃。科尔多瓦省的温度比该地区其他区域高，而少数几个海拔较高的区域则天气较冷。潘帕斯地区的夏季炎热潮湿，沿海地区受马尔维纳斯寒流的影响。秋天白天温和，夜晚凉爽。通常，最南端地区霜冻的发生时间在 4 月初，在 5 月下旬发展，并在 9 月中旬结束。霜冻天气不会连续出现，甚至几年也不会发生。冬季白天的温度通常是温和的，而夜间则是寒冷的。

六、巴塔哥尼亚地区

巴塔哥尼亚地区包括内乌肯省、里奥内格罗省、丘布特省、圣克鲁斯省，由广阔的草原和沙漠组成，从南纬 37°伸展到南纬 51°。巴塔哥尼亚草原面积约 730 平方千米，由门多萨省西南部、内乌肯省中心、里奥内格罗省西南部、丘布特省和圣克鲁斯省大部分地区延伸而来，土壤多为岩石和沙质，缺乏丰富的有机质。主要作物有桃、杏、扁桃、苹果、梨、油橄榄、葡萄、葎草、海枣、蔬菜、芳草植物和苜蓿。尽管 21 世纪初由于过度放牧而受到关注，牧羊仍为巴塔哥尼亚的重要经济活动。

安第斯山脉在确定巴塔哥尼亚气候方面起着至关重要的作用，它的南北走势为来自太平洋的潮湿空气团提供了屏障。巴塔哥尼亚受南太平洋西风气流的影响，海洋潮湿空气被带进大陆，在西风气流吹过南美洲的西海岸和安第斯山脉时，受山地抬升，潮湿空气冷却、凝聚，在山脉西坡形成降雨，当进入巴塔哥尼亚时，空气已经变得干燥。因此，安第斯山脉在阿根廷巴塔哥尼亚大部分地区形成了大范围的雨影，使该地区干旱。南纬 52°以南，安第斯山脉的海拔较低，减少了火地岛省的雨影效应，使大西洋沿岸的森林得以繁衍。

（一）降水

太平洋总体环流模式以及安第斯山脉造成的地形障碍形成了世界上最强的降水梯度之一。巴塔哥尼亚地区的降水量从西向东急剧减少，从安第斯山麓丘陵（41°S）的西部 4 000 毫米到中部高原的 150 毫米不等。例如，安第斯山麓丘陵的年平均降水量超过 1 000 毫米，而东部不到 100 千米的地方，降水减少到 200 毫米。在里奥内格罗省北部和内乌肯省东部，平均年降水量约为 300 毫米，而在南纬 50°以南，降水增加，达到 600～800 毫米。安第斯山脉西北部的巴塔哥尼亚地区在冬季会出现大量降水，夏季偶尔会出现干旱，所以当地有覆盖率高的森林。与北部地区相比，降水减少是由于风更加强烈和干燥，有利于蒸散。雪线的范围从北部的海拔 2 500 米降低到南部的海拔 1 800 米。

巴塔哥尼亚地区的干旱是由于夏季低降水、强风和高温的综合作用，而每种因素都导致高蒸发率。该地区的平均蒸散量为 550～750 毫米，从东北向西南递减，大部分区域降水集中在冬季，东北和南部地区除外，全年的降水分布更为均匀。

（二）温度

受寒冷的马尔维纳斯洋流和高海拔的影响，巴塔哥尼亚地区温度相对较低。最热的地区是里奥内格罗省和内乌肯省的北部，那里的年平均气温为 13～15℃，最冷的地区是圣克鲁斯西部和火地岛省，平均气温为 5～8℃。在巴塔哥尼亚高原，年平均气温为 8～10℃，向西逐渐降低。

巴塔哥尼亚北部里奥内格罗省和内乌肯省，最高温度可能超过 40℃，而在该地区的大部分区域，最高温度可能超过 30℃。在火地岛省南部，最高温度不超过 30℃，在最南端的岛屿，最高温度不超过 20℃。沿海地区的最低温度超过－15℃，而在巴塔哥尼亚高原中部，最低温度可以达到－20℃以下。

第二节 阿根廷土壤资源

阿根廷土壤的系统调查始于 20 世纪 60 年代。表 1-1 反映了每种土壤类型占国土总面积的百分比。

表 1-1 阿根廷土壤类型和比例（按数量级递减）

纲	面积（平方千米）	占国土总面积的百分比（%）
黑沃土	837 791	30.01
新成土	702 211	25.15
旱成土	499 186	17.88
淋溶土	230 827	8.27

（续）

纲	面积（平方千米）	占国土总面积的百分比（%）
始成土	45 892	1.64
灰烬土	44 377	1.59
膨转土	35 941	1.29
有机质土	11 247	0.40
老成土	11 035	0.40
灰土	1 616	<0.1
氧化土	907	<0.1
其他类型区域	370 780	13.3
总计	2 791 810	100

一、淋溶土

淋溶土主要特征为具有薄而呈浅赭色的表皮层和富含黏粒的黏土层。尽管这些土壤是在不同的气候条件下和不同来源的物质中进化而来的，但它们更多地出现在降雨量丰富的温带地区，来源于较新的地表物质。根据每个地区的气候条件和土壤湿度，淋溶土纲又可以分为 5 个亚纲：潮湿淋溶土、寒性淋溶土、半湿润淋溶土、夏旱淋溶土和湿润淋溶土。从整体来看，淋溶土约占阿根廷国土面积的 8.27%（表 1-2）。

表 1-2　阿根廷淋溶土各亚纲分布和占国土面积的比例

纲	面积（平方千米）	占国土面积的百分比（%）	亚纲	面积（平方千米）	占国土面积的百分比（%）
			潮湿淋溶土	150 008	5.37
			寒性淋溶土	391	0.01
淋溶土	230 827	8.27	半湿润淋溶土	17 746	0.64
			湿润淋溶土	60 682	2.17
			夏旱淋溶土	2 001	0.07

二、灰烬土

灰烬土是指土壤剖面中有 60% 以上的厚度具有火山灰性质的土壤，通常在火山爆发后生成，是富含火山玻璃母质风化的结果。灰烬土的主要特性为：①容积比重很低，一般小于 900 千克/立方米；②无定形物质很多，草酸可萃取铁铝含量多（一般大于 2%）；③对磷酸具有强吸附力。灰烬土不到阿根廷国土面积的 2%，位于阿根廷西北和西南部。灰烬土纲又可以分为 7 个亚纲：潮湿灰烬土、寒性灰烬土、干热灰烬土、夏旱灰烬土、玻璃化灰烬土、半湿润灰烬土和湿润灰烬土。灰烬土亚纲在阿根廷的分布及面积见表 1-3。

表 1-3 阿根廷灰烬土各亚纲分布和占国土面积的比例

纲	面积 （平方千米）	占国土面积的 百分比（%）	亚纲	面积 （平方千米）	占国土面积的 百分比（%）
灰烬土	44 377	1.59	潮湿灰烬土	2 158	0.08
			寒性灰烬土	3 460	0.12
			干热灰烬土	1 574	0.06
			湿润灰烬土	12 289	0.44
			半湿润灰烬土	305	0.01
			玻璃化灰烬土	7 877	0.28
			夏旱灰烬土	16 714	0.6

三、旱成土

旱成土是位于干旱地区的土壤，由于严重缺水，植被不能正常发育。旱成土的土壤发育程度很浅，有机质含量低，属具有浅色表层的矿质土壤。地下则聚集了碳酸盐或沉积黏土等成分。阿根廷大部分地区处于干旱和半干旱气候条件下，旱成土分布广泛，占国土面积的 17.88%。

旱成土又可分为盐积旱成土、硬磐旱成土、石膏旱成土、黏淀旱成土、钙积旱成土和雏形旱成土（表 1-4）。

表 1-4 阿根廷旱成土各亚纲分布和占国土面积的比例

纲	面积 （平方千米）	占国土面积的 百分比（%）	亚纲	面积 （平方千米）	占国土面积的 百分比（%）
旱成土	499 186	17.88	黏淀旱成土	305 356	10.94
			钙积旱成土	108 853	3.9
			雏形旱成土	67 060	2.4

（续）

纲	面积（平方千米）	占国土面积的百分比（%）	亚纲	面积（平方千米）	占国土面积的百分比（%）
旱成土	499 186	17.88	硬磐旱成土	791	0.03
			石膏旱成土	2 194	0.08
			盐积旱成土	14 932	0.53

四、新成土

新成土是具有较弱或没有土层分化的土壤。多数新成土没有土壤诊断层，有机质含量低，结构脆弱。新成土的形成与多种原因有关，极端干燥、温暖或寒冷的气候会限制进入土壤剖面的水量，同时也会限制植物、土壤生物群的发展，进而限制土壤自身的形成。在动态地貌环境中，受冲积扇或河漫滩等物质不断移动或积累的影响，耐风化的物质限制了土壤形成，或使其土壤形成极其缓慢。在阿根廷，新成土的面积仅次于黑沃土，占据了全国25.15%以上的土地。主要有4亚纲：潮湿新成土、砂质新成土、冲积新成土、正常新成土（表1-5）。

表1-5 阿根廷新成土各亚纲分布和占国土面积的比例

纲	面积（平方千米）	占国土面积的百分比（%）	亚纲	面积（平方千米）	占国土面积的百分比（%）
新成土	702 211	25.15	潮湿新成土	28 871	1.03
			冲积新成土	140 503	5.03
			正常新成土	312 832	11.21
			砂质新成土	220 005	7.88

五、冰冻土

冰冻土独有的性质为存在永久冻结带，其定义为土壤表层下100厘米为永冻状态，或是在表层100厘米内含有永冻物质而200厘米以下处于永冻状态。多年冻土是土壤连续两年或更长时间保持在0℃以下的热力学状态，冻土是矿物质或有机质。由于冻结和融化具有周期性，在土壤中表现出明显的垂直交替。在阿根廷南极扇区的一小部分地区发现了冰冻土类土壤。

六、有机质土

有机质土通常出现在有机质积累速度超过其矿化速度的地区，通常是在含水饱和的条件下。有机质土的演化独立于气候条件和矿物基质，但海洋性气候有利于它们的形成。这些土壤的特点是体积密度很低，持水能力很高。在阿根廷，有机质土不到国土面积的 1%，可以分为 4 个亚纲：落叶性有机土、低分解有机土、半分解有机土和高分解有机土，分布于最南端和北部的一些地区（表 1-6）。

表 1-6　阿根廷有机质土各亚纲分布和占国土面积的比例

纲	面积（平方千米）	占国土面积的百分比（%）	亚纲	面积（平方千米）	占国土面积的百分比（%）
有机质土	11 247	0.40	低分解有机土	7 745	0.28
			落叶性有机土	2 458	0.09
			半分解有机土	442	0.02
			高分解有机土	602	0.02

七、始成土

始成土通常在其进化的早期阶段显示出初步的诊断层。始成土通常会保留其母质材料的许多特征，与常新成土类似，它们可能来源于耐风化的母质、侵蚀地貌或沉积地貌。始成土在阿根廷只占不到 2% 的国土面积，主要分为 4 个亚纲：潮湿始成土、寒性始成土、半湿润始成土和湿润始成土（表 1-7）。

表 1-7　阿根廷始成土各亚纲分布和占国土面积的比例

纲	面积（平方千米）	占国土面积的百分比（%）	亚纲	面积（平方千米）	占国土面积的百分比（%）
始成土	45 892	1.64	潮湿始成土	16 764	0.6
			寒性始成土	7 373	0.26
			湿润始成土	5 828	0.21
			半湿润始成土	15 927	0.57

13

八、黑沃土

黑沃土是高度肥沃的矿质土壤，通常在草原植被下形成，有时也在森林植被下形成。黑沃土的形成于不同的母质和不同的气候条件，以温带气候条件为主导因素。该土壤剖面有一个深色的、结构良好的毛状表层，土壤表面富含植物所需的营养阳离子。黑沃土是阿根廷最广泛的土壤类型，占阿根廷国土面积的30.01％，主要分为7个亚纲：漂白黑沃土、潮湿黑沃土、寒冻黑沃土、石灰黑沃土、夏旱黑沃土、半湿润黑沃土、湿润黑沃土（表1-8）。

表1-8 黑沃土各亚纲分布和国土面积比例

纲	面积 （平方千米）	占国土面积的 百分比（％）	亚纲	面积 （平方千米）	占国土面积的 百分比（％）
			漂白黑沃土	44 784	1.6
			潮湿黑沃土	87 558	3.14
			寒冻黑沃土	7 094	0.25
黑沃土	837 791	30.01	石灰黑沃土	112	<0.01
			湿润黑沃土	286 450	10.26
			半湿润黑沃土	329 089	11.79
			夏旱黑沃土	82 704	2.96

九、氧化土

氧化土俗称"红壤"，多形成于热带或亚热带低地和中等高地的缓坡或中等坡地上，属高度风化、具有氧化层的矿质土壤。外观呈现较浅红褐色。这类土壤的特点是阳离子交换能力低，酸性强，风化程度高。在阿根廷，只发现了湿润氧化土（表1-9）。

表1-9 氧化土亚纲分布和占国土面积的比例

纲	面积 （平方千米）	占国土面积的 百分比（％）	亚纲	面积 （平方千米）	占国土面积的 百分比（％）
氧化土	907	0.03	湿润氧化土	907	0.03

十、灰土

灰土的土层剖面是两个颜色对比鲜明、边界划分明确的层面。表层是由有机物和铝形成的沉积层，颜色为深黑色或棕红色（含铁或不含铁）。未受扰动的灰土还有一个淋溶层，称为白土层，其颜色为灰色或浅灰色，在那里可以观察到裸露的矿物颗粒。灰土形成于寒冷潮湿气候条件下，森林植被会在土壤表面留下酸性残留物。在阿根廷灰土面积分布得非常少，不足国土面积的0.1%，只在火地岛格兰德岛的最南端有分布，为寒冻灰土亚纲（表1-10）。

表1-10 灰土亚纲分布和占国土面积的比例

纲	面积（平方千米）	占国土面积的百分比（%）	亚纲	面积（平方千米）	占国土面积的百分比（%）
灰土	1 616	0.06	寒冻灰土	1 616	0.06

十一、老成土

老成土通常形成于气候温暖潮湿、季节性降水不足的地区，主要位于森林植被下古老而稳定的地貌上。老成土是一种淋溶程度高的土壤，其地下层为黏土沉积，盐碱饱和度很低并随深度逐渐降低。在阿根廷东北部，已经发现老成土的3个亚纲：潮湿老成土、腐殖质老成土和湿润老成土（表1-11）。

表1-11 老成土各亚纲分布和占国土面积的比例

纲	面积（平方千米）	占国土面积的百分比（%）	亚纲	面积（平方千米）	占国土面积的百分比（%）
			潮湿老成土	1 056	0.04
老成土	11 035	0.40	腐殖质老成土	3 511	0.13
			湿润老成土	6 468	0.23

十二、膨转土

膨转土又称变性土，是具有开裂、翻转、扰动等膨转特征的高胀缩性黏质土壤。具有含 2∶1 型黏土矿物的深色土层，会随水分多寡而膨胀、收缩，湿时地面突起，干时龟裂。在阿根廷有 4 种膨转土亚纲：潮湿膨转土、夏旱膨转土、干热膨转土和湿润膨转土，占据了阿根廷东部和东北部的区域（表 1-12）。

表 1-12　膨转土各亚纲分布和占国土面积的比例

纲	面积（平方千米）	占国土面积的百分比（%）	亚纲	面积（平方千米）	占国土面积的百分比（%）
			潮湿膨转土	15 722	0.56
			干热膨转土	328	0.01
膨转土	35 941	1.29	湿润膨转土	19 203	0.69
			夏旱膨转土	687	0.03

第三节　阿根廷水资源

阿根廷天然水体资源类型丰富，主要包括河流、湖泊、湿地、冰原和地下水，对农业、林业的发展及鱼类等水生生物养殖等方面都极为有利。河流大多流经山地、高原，在出山地带落差较大，蕴藏着丰富的水力资源，而平原性河流，支流众多，河网密布，便于发展水上运输，这就间接地为阿根廷的农、林、牧等产品的加工和交换提供了动力资源和运输条件。

阿根廷每年可再生水资源总量约为 8 762.4 亿立方米，主要来源于降雨、地表径流等。全国年平均降水量为 591 毫米，相当于 16 430 亿立方米。但是，其中约有 82% 的降水量通过直接蒸发而损失。因此，每年国内可获得的降雨再生水资源约为 2 920 亿立方米。巴拉那河—拉普拉塔河是地表径流主要的输入来源，每年约为 5 162.4 亿立方米。此外，与阿根廷相邻的两条界河——乌拉圭河（与乌拉圭相邻）与皮科马约河（与巴拉圭相邻）每年还可以为阿根廷输入约 672.4 亿立方米的水资源。虽然阿根廷水资源丰富，但是地域分布不均。由于阿根廷地理纬度跨度巨大（南纬 22°至南纬 55°），领土范围内地势变化也较大，造就了阿根廷多样的气候变化。结合气候和水文条件，可以分为三个区域。

（1）潮湿地区：东北部利托拉尔和潘帕胡梅达地区，西北部图库曼奥拉嫩塞森林和西南部巴塔哥尼亚安第斯森林，占阿根廷国土面积的 24%。该地区集中了将近 70% 的人口，80% 的农业生产依靠自然降雨。

（2）半干旱地区：科罗拉多河以北的中部地区，约 405 000 平方千米，占阿根廷国土面积的 15％。阿根廷中部以西地区每年降水量约为 500 毫米，以东约为 800 毫米。该地区集中了全国 28％的人口，鉴于一年中大部分时间缺水，灌溉对于某些作物的种植至关重要。

（3）干旱地区：西北和中西部大部分地区，巴塔哥尼亚地区以及火地岛地区，占阿根廷国土面积的 61％。该区域位于等降水量线以西，直至安第斯山脉的山麓附近年降水量约为 500 毫米。该地区仅集中了阿根廷 6％的人口，农业生产完全依赖灌溉。

一、河流

阿根廷的河流遍布全国，形成了多个水网系统，既可以开发水电能源，也可以用于灌溉，同时还调节了环境的湿度。

（一）河流流域区划

阿根廷地域辽阔，受气候和纬度的影响，阿根廷的河流也呈现截然不同的情况：东北地区的河流水系庞大，可以通航；北部和西部的河流流量偏低，虽然南部安第斯山脉附近有高流量的河流，但越过干旱的巴塔哥尼亚高原，水资源就相对匮乏。阿根廷河流流域区划可以分为三种类型：外流区（最终流入海洋的河流所在的流域）、内流区（最终流入内陆湖泊或在内陆断流的河流所在的流域）以及无流区（无或偶有河川径流通过的地区，亦因强烈蒸发和渗漏，地表径流消失的地区）。主要的无流区是普纳（仅有几条溪流注入封闭盆地）、贝尔梅霍河与萨拉多河之间广阔的西部查科区、潘帕斯平原西部及巴塔哥尼亚各河流之间的地区（表 1－13）。

表 1－13　阿根廷河流流域区划面积及比例

类型	面积（平方千米）	面积百分比（％）
外流区	1 309 991	47.3
大西洋流域	1 275 286	45.9
太平洋流域	34 705	1.4
内流区	155 935	5.6
无流区	1 309 786	47.1

（二）阿根廷主要河流

就输送和排放的水的长度和数量而言，阿根廷的重要河流包括巴拉那河、乌拉圭河，这两条河流均发源于巴西。巴拉那河由北向南，流经巴拉圭进入阿根廷。乌拉圭河也是巴西与阿根廷及阿根廷与乌拉圭的界河。巴拉那河与乌拉圭河一起形成普拉塔河口，最后注入大西洋。阿根廷的大多数河流起源于安第斯山脉的东坡，并流向大西洋，只有少数河流流向太平洋。阿根廷有三个主要的内陆河区域，内陆河水不会流到海洋。

二、湖沼

湖沼是指湖泊等湖盆较深的静水或滞留水水域，沼泽是地表常年过度湿润或有薄层积水的浅水湖或沼泽化过程的湿地。阿根廷拥有 400 多个表面积大于 5 平方千米的湖沼，受地形、气候、地质基质等区域性形成条件的限制，它们呈地区性聚集分布，并形成了多种水文形态。例如，在巴塔哥尼亚的安第斯山区，分布着阿根廷最著名的湖泊区，是由第四纪冰川剥蚀而成的盆地；在巴塔哥尼亚台地和潘帕斯平原，分布着由盆地或断裂带集水形成的湖群；安第斯山之外的巴塔哥尼亚中部的湖泊、布宜诺斯艾利斯省和拉潘帕省的湖区都有类似的分布。此外，也有独立的湖沼水体，如内瓦德尔萨拉多火山口湖，由火山口积水形成。盐沼和盐渍地所占面积也很可观。盐沼是地表过湿或季节性积水、土壤盐渍化并长有盐生植物的地段。盐渍地是指土壤底层或地下水的盐分随毛管水上升到地表，水分蒸发后，使盐分积累在表层土壤中。例如，在卡塔马卡省和萨尔塔省之间普纳高原的翁布雷·穆埃尔托盐湖和林孔盐湖，以及胡胡伊省、门多萨省、内乌肯省等盐沼地区。

（一）湖沼类型及形成

1. 气候湿润的平原地区

在气候湿润、降水充沛的平原地区易形成淡水湖泊或浅水湖。由于近代的地质变化、河流排泄区混乱以及地形的变化，汇集了大量的淡水资源，即长期的排水滞留。例如科连特斯省的沼泽和湖泊，这些湖泊很浅，拥有补给河和排水河，它们的所在地曾经是巴拉那河上游的一个三角洲。平行分布的沼泽、滞留水排出的冲沟、沼泽四周的沙地和沙丘景观,都证明此地区水体的形成过程十分复杂。

2. 半干旱平原或浅洼地区

在半干旱地区的平原和浅洼地形成的水体取决于气候条件,因为干燥气候不能给有限的地表径流提供足够的水量流入海洋,故形成内流区。科尔多瓦省的奇基塔湖就是这样的湖泊,其湖盆的形成与构造运动有关。在水量不足以使其外流的情况下,湖泊形成一潭死水,其结果必然是水体盐渍化。在半干燥地区,还有一种间歇河,它的流量很小,因此,每当洪水过后,残留的水体迅速蒸发,留下一层含有丰富矿物质的盐皮。半干燥地带的格兰德斯盐沼和安巴加斯塔盐沼就是这样形成的。

3. 盐沼和盐渍地

盐沼和盐渍地为数众多,所占面积也很可观。排水不良和气候干燥是形成盐沼的原因。在无流区和内流区均可看到盐沼,而在湿润的外流区和降雨丰富的地区则无盐沼。盐沼分布在安第斯山之外的整个巴塔哥尼亚地区、西部干燥地区(潘帕斯山脉、前科迪勒拉山脉和干燥的安第斯山脉)以及西部查科、亚安第斯山脉和普纳等地区。此外,盐沼和湖泊常常可以相互转化,湖泊的一侧往往有补给河流入,而盐沼则是一个封闭的盆地。湖泊和盐沼的分界线会根据补给水源的多寡或干湿季节的交替而变动,也有一些盐沼经过一场大雨或者正值补给河涨水季节而蓄水成湖,但当干季来临,湖水蒸发殆尽,闪闪发光的盐皮又代替了水面,甚至形成盆滩。除上面所介绍的规律外,还有巴塔哥尼亚海岸的小盐沼盆地,其盐分来自海水。因为曾被海水淹没,继而又干枯,便形成了沿海沼泽地。

(二)主要湖泊

阿根廷的大量湖泊主要位于两个区域,安第斯山脉的高山湖泊和平原地区的湖泊和沼泽(表1-14)。

表1-14 主要湖泊分布及面积

湖泊名称	地理位置	面积(平方千米)	备注
科尔多瓦湖	科尔多瓦省和 圣地亚哥—德尔埃斯特罗省	6 000	

（续）

湖泊名称	地理位置	面积（平方千米）	备注
阿根廷湖	圣克鲁斯省	1 466	
别德马湖	圣克鲁斯省	1 088	
布宜诺斯艾利斯湖	圣克鲁斯省	971 8	与智利共享，总面积 1 850 平方千米
科尔乌埃瓦皮湖	楚尔省	810	
扬卡内洛湖	门多萨省	650	
纳韦尔瓦皮湖	尼格罗省和内乌肯省	557	
法尼亚诺湖	火地岛省	551 3	与智利共享，总面积 5 903 平方千米
奥伊金斯湖/圣马丁湖	圣克鲁斯省	504	与智利共享，总面积 1 058 平方千米
卡迭尔湖	圣克鲁斯省	458	
穆斯特斯湖	楚尔省	434	
科契拉湖/培列敦湖	圣克鲁斯省	145	与智利共享，总面积 320 平方千米
斯特罗贝尔湖	圣克鲁斯省	120	
赫库拉夫肯湖	内乌肯省	84	
丰塔纳湖	楚尔省	79	
Traful 湖	内乌肯省	70	

（三）主要湿地

阿根廷湿地面积约 60 万平方千米，占阿根廷国土面积约 20%。面积最广的地区位于东北部、美索不达米亚地区以及查科和潘帕斯平原。湿地的生态系统是脆弱的，人类活动会严重影响湿地的生态平衡。几十年来，为了扩大城市或农业用地的面积，湿地面积逐渐萎缩，部分湿地被排干，与此同时，附近地区的生态系统出现退化。农用化学品、砍伐森林和排放污染物或工业废物也是其中的一些影响因素。尤其是在潘帕斯地区，这些行动导致湿地系统的严重恶化，其后果是改变了洪水的自然规律和生物多样性的丧失。2019 年，阿根廷有 23 处湿地被注册为国际重要湿地保护区（表 1-15）。

表 1-15 主要湿地及面积

名称	所在省份	面积（公顷）	位置
桑博隆邦海湾	布宜诺斯艾利斯省	243 965	36°15′S 57°15′W
杜尔斯河和奇基塔潟湖的沼泽	科尔多瓦省	996 000	30°22′S 62°46′W
巴拉那三角洲	圣菲省、恩特雷里奥斯省	243 126	32°16′S 60°43′W
胜利冰川和泥地	火地岛省、南极洲和南大西洋群岛	2 760	54°44′S 68°20′W

（续）

名称	所在省份	面积（公顷）	位置
查科湿地	查科省	508 000	27°19′S 58°49′W
瓦尔德斯半岛湿地	丘布特省	42 695	42°27′S 64°17′W
梅林库潟湖湿地	圣菲省	92 000	33°43′S 61°30′W
美洲虎湿地	圣菲省	492 000	28°45′S 59°15′W
布兰卡潟湖	内乌肯省	11 250	39°01′S 70°21′W
扬卡内洛湖潟湖	门多萨省	65 000	35°45′S 69°07′W
波苏洛斯潟湖	胡胡伊省	16 224	22°19′S 65°58′W
卡塔马卡的安第斯山脉和普诺潟湖	卡塔马卡省	1 228 175	26°52′S 67°55′W
瓜纳喀什潟湖	门多萨省	962 370	33°00′S 67°36′W
维拉玛潟湖	胡胡伊省	157 000	22°36′S 66°55′W
伊贝拉潟湖	科连特斯省	24 550	28°31′S 57°09′W
火地岛的大西洋海岸保护区	火地岛省、南极洲和南大西洋群岛	28 600	53°19′S 68°30′W
布拉瓦湖省立保护区	拉里奥哈省	405 000	28°24′S 69°04′W
皮尔科马约河湿地	福莫萨省	51 889	25°30′S 58°30′W

三、地下水、矿泉和温泉

阿根廷年降水量和地表径流分布不均匀，在湿润地区，地下水在垦殖活动中也起着重要的作用。阿根廷地下水资源的渗透现象、稳定的或活动的地下蓄水层的存在和地下水（不论是矿泉还是温泉）的溢出，都具有重要的意义。

（一）地下水

一般来讲，山区具有形成地下大蓄水层的有利条件。河水与冰雪融水通过地表岩石的裂隙以及松散岩石渗入，经过一段较长的距离，常常在山麓或冲积锥的尾部溢出，有的地方溢出的是温泉。承压的深水层称自流泉盆地。阿根廷一个较大自流水区域位于圣胡安省和门多萨省之间，它沿着一个断层带分布。另外，在一些山区，如圣路易斯、拉里奥哈、卡塔马卡和图库曼等省的山区，有次一级的自流泉盆地。图库曼省的自流泉盆地面积辽阔，水量丰富。潘帕斯山脉地区的一些发源于山地的河流，每到流入地质土壤松散的平原时，会从地表消失，水的渗漏丰富了地下的深蓄水层。在某些平原上打井，可以有计划地汲取地下水，用于农牧业生产。

（二）矿泉和温泉

渗漏水在地下，特别在山区的地下流动时，往往以泉（vertientes）或泉眼（ojos de agua）的形式涌出，当地称之为马南蒂亚莱斯（manantiales）。水在地下深处流动时，常常融混盐分和气体，并获得了热量和放射性物质，从而形成了各种矿泉水（含盐和气体）、温泉水或含放射性物质的泉水。水温高于气温的泉叫作温泉，而温泉又可根据水温低于或高于 50℃ 分为中温泉或高温泉。

第四节　阿根廷林业资源

阿根廷林业资源丰富，森林面积占全国总面积的 1/3。阿根廷土地辽阔，四季分明，适合多种树木的种植，极少发生严重的自然灾害和病虫害，土地非常适合种植生长快的品种。目前拥有 3 320 万公顷的天然林和 110 万公顷的人工种植林。阿根廷政府重视林业发展，自 20 世纪 50 年代以来，将促进林业和林业加工业的发展作为一项战略措施，在全国范围内大力推广植树造林及发展林业加工的一系列鼓励措施，并于 1999 年颁布了森林投资法，确保对林业投资的优惠政策 30 年不变。但由于种种原因，阿根廷林业发展速度缓慢，并未发挥其林业资源的优势和潜力。20 世纪 80 年代，阿根廷采伐天然林在整个采伐用材中的比例为 50%。由于采取林业可持续发展措施得当，人工林商品材供应率不断增长，近年来，阿根廷采伐天然林用材大幅降低，目前 90% 的林业加工原料来自人工林。

一、天然林

阿根廷天然林以阔叶林为主，针叶林面积不足天然林面积的 1%。阿根廷境内有以下六个主要植被区。

（一）查科林

以混杂的落叶灌木为主要覆盖的天然林平原，层间植物品种丰富。根据降水量及气温的变化，查科林的植被面积自东向西递减。该林地的主要树种为喜旱的落叶树，多见硬木树种红坚木，该树种高度可达 25 米以上，形成林地的"屋檐层"；其他硬木树种构成次高层林；处于层间最底层的为灌木和大量凤梨科草本植物，藤本植物不常见。在这一林层还有大量天然林重要层间植物棕榈藤，以及其他适盐草地。由于查科林具有生物多样性的特征，成为阿根廷最重要的生物物种基因库。

（二）米西奥内斯森林

米西奥内斯森林是热带雨林，覆盖植被种类繁多，构成一个五级垂直植被层，其中三级为树种层以及以竹子为主的灌木层和草本、苔藓层。种类繁多的层间植物使这一雨林成为阿根廷植物物种最为丰富的地区之一。丰富多彩的雨林生态系统孕育了地区复杂的动植物资源，并为野生动植物栖息和繁衍提供了得天独厚的生存环境。此外，爬蔓植物及藤本植物也多见于这一雨林。雨林南部是以禾本科植物为主的草原地带。雨林中沿巴拉那河、乌拉圭河及其他河流地带形成一条狭窄的植被长廊。

（三）图库曼—玻利维亚森林

森林中密集大体积树木、藤本植物及底层草灌木。此外，还生长着喜旱林木、落叶林及大片牧场林。该林区还是同其他区域林木品种过渡的群落交错区。雨林中的植被因地势高度、降水量梯度及纬度变化呈现不同的种类，牧草林及树林交错相间。

（四）安第斯—巴塔哥尼亚林地

林地主要植被为常绿落叶林，常有牧草林及泥炭田。自北部内乌肯省至南端火地岛省的安第斯山脉生长着灌木及禾本科植物，几乎一半的区域被原始森林覆盖，其他高地生长着高度较低的植物，山谷地带生长着茂盛的牧草。这一林地主要的 20 个树种占林地面积的 90%，此外还有 300 余个从阿根廷境外移植来的各类植物。

（五）山林

斑点胶漆木生长在大片裸露的土地上。在河流沿岸及其他土壤条件地带，斑点胶漆木同角豆树、柳树林伴生。角豆树林生长在林地河流沿岸及地下水源接近地表的地域。

（六）灌木丛林

灌木丛林中分布着生长喜旱的林木及来自查科地区的林木种类（除红坚木外），树木较矮且分布散落，是开放型林地，林层多为一至二级的灌木层和草木层，高度不超过 10 米，并同棕榈层、草原林及禾本科植物交错生长。

根据阿根廷林业部门第一次森林资源统计的有关数字，阿根廷全国各省区林地面积如表 1 - 16 所示。

表 1 - 16　天然林有林面积

单位：公顷

	米西奥内斯森林	图库曼—玻利维亚森林	安第斯—巴塔哥尼亚林地	查科林	山林	灌木丛林	合计
森林	914.823	3 697.483	1 985.495	22 140.637		2 488.056	31 126.504
农区林地	538.558	29.352		1 327.347	42 969.010	168.681	2 163.983
其他林地	52.329	184.170	1 633.414	9 901.731		6 155.240	
天然林总面积	1 453.381	3 726.835	1 985.495	23 367.984		2 656.747	33 190.442

注：林地指面积超过 10 公顷，覆被率超过 20% 的区域；森林指坐落在农业区内的残留原始林地，面积不超过 1 000 公顷；其他林地指覆被率低于 20% 或者林地内成年树木高度不及 7 米的区域。

阿根廷国家统计局 1937 年统计的全国天然林面积曾达 3 750 万公顷，但近年来天然林面积不断减少，减少速度明显。阿根廷环境和可持续发展国务秘书处的有关研究表明，1998—2002 年阿根廷天然林以每年 20 万公顷的速度减少。农业占地面积不断增加是造成这种情况的主要原因。此外，阿根廷天然林出现不同程度的枯损，急需加强森林资源的管护并推动其生态功能的复苏。

二、人工林

阿根廷 75% 的人工造林集中在被称为"美索不达米亚"地区的三个省份，分别是米西奥内斯省、科连特斯省及恩特雷里奥斯省。布宜诺斯艾利斯省拥有另外 10% 的人工林，其余人工林分布在巴塔哥尼亚地区（内乌肯、里奥内格罗、丘布特、圣克鲁斯），阿根廷西北部省份（萨尔塔、图库曼、胡胡伊）及阿根廷中、北部省份（科尔多瓦、圣菲、拉潘帕、福莫萨、查科、圣地亚哥—德尔埃斯特罗、卡塔马卡、拉里奥哈、圣胡安、门多萨、圣路易斯）。

阿根廷60％的人工林是松柏纲植物，25％为各类桉树品种，10％为分布在巴拉那河口三角洲地带、黑河河口及门多萨省的杨柳科植物。阿根廷政府目前正致力于促进生物物种及各类相关产品多样化的政策，并积极推动非传统物种的培育和发展。20世纪90年代以来，阿根廷政府注重林业可持续发展，推行植树造林的措施。1999年植树造林面积超过10万公顷。但2002年初的经济危机抑制了这一良好的发展态势，2002年人工造林面积降至3万公顷。随着阿根廷经济的复苏，近两年来阿根廷造林面积有所回升，2004年植林超过4万公顷。此外，通过普及林业科学研究成果、引进先进技术及优化基因等措施，有效地促进了林业科技的发展，提升了林业加工业的质量水平并丰富了林业种植的多样性。

第五节　阿根廷渔业资源

阿根廷东濒西南大西洋，海岸自拉普拉塔河河口南端的圣安东尼奥角（南纬36°20′）开始，到火地岛南海岸的莫阿特海峡东峡口的圣皮奥角（南纬55°3′）为止。宽阔漫长的大西洋海岸可以分为截然不同的两段：潘帕斯平原海岸和巴塔哥尼亚台地海岸。根据沿海大陆架的分布，可以将连接阿根廷海岸、覆盖在大陆架之上的那部分大西洋水域称为阿根廷海。因此，阿根廷海的范围从海岸起，到大陆架边缘，拥有专属经济区面积达116万平方千米。在阿根廷海上有两股相对的洋流——巴西洋流和马尔维纳斯洋流，前者是一股暖流，沿南美洲大陆的巴西和乌拉圭海岸，从北向南运动，直到拉普拉塔河所在纬度；马尔维纳斯洋流是南大西洋亚极地环流的北流部分，是一股寒流，沿着南美洲海岸向北输送冷水。两股洋流交汇处水域聚集了极为丰富的浮游生物，而丰富的浮游生物又使该水域盛产鱼类。另外，阿根廷的河流湖泊遍布全国，形成了多个水网系统。拉丁美洲地区重要的拉普拉塔河、巴拉那河、巴拉圭河与乌拉圭河每年将含有大量丰富营养和有机质的河水排入阿根廷沿海，也为淡水鱼类提供了绝佳的生存环境。

阿根廷拥有丰富的渔业资源，渔业生产以海洋捕捞为主，捕捞量占全国渔业总产量的85％和渔业出口总量的75％。出于对渔业资源的保护和可持续发展的要求,联邦政府也在有计划地促进水产养殖业的发展,但由于对某些淡水鱼和海洋鱼缺乏投资或受气候条件的限制,水产养殖业的发展水平低于现有潜力。

一、海水渔业资源

阿根廷渔业以海洋捕捞为主,且渔业资源丰富,品种多、品质高,能满足不同国际市场的需求,这是阿根廷渔业的最大优势。FishBase(www.fishbase.org)的数据显示,阿根廷海拥有334种海洋鱼类,其中深海鱼119种,此外还有各种无脊椎动物。阿根廷海域出产的鱼类主要包括:鳕鱼、金枪鱼、大西洋鳕、海鲷、狐鲣、鲐鱼、白石首鱼、黑石首鱼、鳎鱼、海鳅、无须鳕、银镜、银汉鱼、鲛等。软体动物和甲壳动物主要有:蛤蜊、贻贝、壳菜、牡蛎、鱿鱼、章鱼、虾、对虾、螃蟹等。其中捕捞量较大的商业目标鱼种从60种到70种不等,主要包括阿根廷鳕鱼、巴塔哥尼亚鳕鱼、弗氏绒须石首鱼、乌拉圭犬牙石首鱼、阿根廷鳀鱼、南极蓝鳕鱼以及十多种鲨鱼和鳐鱼。此外,还包括7种甲壳类动物,其中最重要的是阿根廷红虾和南方帝王蟹以及10种软体动物,其中最重要的是阿根廷短鳍鱿鱼和巴塔贡扇贝。

二、部分海洋渔业资源的分布

(1)鳕鱼。主要集中在巴塔哥尼亚北部和拉普拉塔河流域沿岸,无论从其价值还是从捕捞量来看,历来都是阿根廷最重要的鱼种。这是一种深海鳕鱼,平均身长48厘米,每年的洄游区域包括大部分的阿根廷200海里专属经济区直至阿根廷—乌拉圭共同经济区海域。夏季,它们游到南部海域(南纬42°~44°)产卵,阿根廷在这里建立了禁捕区以保护资源。在夏末和秋季,它们游到阿根廷—乌拉圭共同经济区,直到第二年春季。

(2)南极鳕鱼。是马尔维纳斯海流中的典型鱼种,生活在南纬40°以南,颜色和体积都与普通鳕鱼有差异,其身长一般可达到118厘米,而一般鳕鱼最多只有85厘米。另外,南极鳕鱼的胸鳍更长,眼睛和鳞片更大。

(3)凤尾鱼。属浮游鱼种,生活在浅水水域,长度在17厘米左右。由于其数量繁多,成为许多食肉鱼的主要食品,比如鳕鱼、鲐鱼和狐鲣。在阿根廷主要用于去骨冷冻和整鱼冷冻出售，少量保鲜出售。这种鱼主要生活在从巴西赛巴斯第安岛（南纬24°）到阿根廷圣乔治湾（南纬47°）之间的水域。冬季，大量集中于拉普拉塔河河口，然后向南迁移。这是一种有很大发展前景的鱼种，该鱼种2002年的捕捞量为1.6万吨。

（4）石首鱼。是一种温带鱼，主要生活在乌拉圭海岸、布宜诺斯艾利斯省沿岸和巴塔哥尼亚北部直至圣玛蒂亚斯湾流域。通常出现在靠近海岸的沙质和淤泥质海底的60米以下水域。用于去骨冷冻和整鱼冷冻出口。

（5）大西洋鳕鱼。生活在南纬44°～54°的大西洋西南部和太平洋东南部的冷水水域。该鱼的产量不大，2002年的捕捞量仅为2 064吨。

（6）波兰鱼。生活在马尔维纳斯群岛水域，成年鱼身长55～60厘米，最长可长到90厘米。最大捕捞限量为12万吨。

（7）黑鳕鱼。身体瘦长，口大。生活在马尔维纳斯海流的冷水水域，阿根廷政府规定的最大捕捞限量为2.5万吨。

（8）长尾鳕鱼。身长，头大，身长一般在30～90厘米，生活在马尔维纳斯海流的冷水水域。最大捕捞限量为12万吨。

（9）海虾。有150多种不同品种的海虾，主要生活在热带靠近海岸的水域。阿根廷沿岸只有对虾和普通的虾。阿根廷的对虾品种具有很高的商业价值，一般身长在150～180毫米，有时可达到210毫米。这个品种分布地区较广，从南纬20°延伸到巴塔哥尼亚沿岸的大西洋水域。最大捕捞限量为1.2万吨。

（10）鲐鱼。生活在南纬23°～42°的海域，每年1月、2月大量出现在内哥其亚地区和马德布拉塔地区的海域。

（11）狐鲣。主要跟随着巴西回流生活在巴西、乌拉圭和布宜诺斯艾利斯省沿岸的热带水域。

三、内陆渔业资源

内陆渔业生产主要分布于拉普拉塔河—巴拉那河流域，巴塔哥尼亚地区的各种湖泊与河流水域，以及潘帕斯平原地区的潟湖区和大型湖泊也有少量分布，以个人经营和休闲捕鱼活动为主。渔业生产在巴塔哥尼亚盆地的各种浅水环境中发展较快，在巴塔哥尼亚高原的湖泊中可以捕获小口鳟鱼和虹鳟鱼。

阿根廷每年内陆渔业产量远不及海洋渔业，但在经济上具有重要意义。尽管阿根廷的内陆渔业产量不高，但从 20 世纪 90 年代初到 2004 年一直持续增长，2004 年达到 35 000 吨。内陆渔业对粮食安全、区域家庭经济和社会经济具有重要的贡献。一般而言，内陆渔业可以分三种类型：个体捕捞、商业捕捞、竞技垂钓。前两者主要由"个体渔民"进行，后者与旅游业有关。拉普拉塔河流域在内陆渔业中最为重要，因为它覆盖 12 个省的部分地区约 4 000 多千米的水道（包含格兰德河），就其规模而言，内陆渔业产量的 90% 以上来自该流域。此外，在潘帕斯地区西部的大型浅潟湖以及科尔多瓦和圣菲省的大型潟湖中，偶尔也会批准捕捞活动。由于河流内大部分鱼类资源具有迁徙行为，而且种群混杂，难以识别各鱼类资源的分布区域。受到生存环境的影响，渔业资源相对比较分散。

巴拉那河流域的渔业资源也是非常丰富的。巴拉那河上游主要鱼类有南美鸭嘴鲇、大颚小脂鲤和条纹鲮脂鲤，中游主要鱼类有帕氏梭油鲇，下游主要鱼类有钝齿兔脂鲤和颗粒翼陶乐鲇。

与其他大陆相比，南美洲大陆的鱼类基本群体很少，淡水鱼主要由脂鲤亚目和鲇形目的有鳍的鱼类组成。

四、水产养殖

在阿根廷，水产养殖的概念包括生产和维护水生生物的活动，目的是保护自然水生环境，在人工环境中进行休闲捕鱼和养殖。用于水产养殖的生物包括棘皮动物、软体动物、甲壳类、鱼类、两栖动物和爬行动物、高等植物和藻类，它们与水中的生物循环直接相关或部分相关。到目前为止，阿根廷水产养殖业发展缓慢，对世界水产养殖产量的贡献很小，被置于"替代产品"之中。

20 世纪初以来，阿根廷官方（国家和省级）努力促进广泛的水产养殖，特别是面向体育捕鱼的水产养殖。从 20 世纪 90 年代开始，商业水产养殖产量开始增长。从手工水产养殖（鳟鱼），到温带水域的鱼类和甲壳类养殖，水产养殖已转变为更具商业价值的新产业。这种增长虽然缓慢，但却是持续的。

第二章 CHAPTER 2
阿根廷农业生产 ▶▶▶

　　阿根廷国土面积 278.04 万平方千米，可耕地和多年生作物用地 2 720 万公顷（其中可耕地为 2 500 万公顷，多年生作物用地 220 万公顷），占国土面积的 9.8%；长期牧场 14 210 万公顷，占 51.2%；森林和林地 5 910 万公顷，占 21%。灌溉面积为 169 万公顷，占可耕地面积的 6.8%。农业人口占总人口的 10%，农业劳动力占总劳动力的 9.4%。人均拥有耕地 0.76 公顷，每个农业劳动力负担耕地面积为 21 公顷。

　　农业生产对阿根廷国民经济具有重要意义，阿根廷是世界重要的粮食和肉类生产大国，虽然农业总产值在阿根廷国内生产总值中所占的比重仅为 5% 左右，但农牧渔产品及其加工品的出口却占出口总额的 50% 以上。其主要农产品包括粮食、油料、果仁、柑橘类水果、蜂蜜、葡萄酒、牛肉、猪肉、家禽、牛奶和羊毛等，不少产品在世界市场上占较大份额。阿根廷素有"世界粮仓肉库"的美誉，同时还被称为牛背上的国家。阿根廷渔业资源丰富，品种多且品质高，海洋渔业资源可利用的品种多达 300 多种。

第一节　阿根廷农牧渔业的地理分区

一、农牧业地理分区

　　农业生产主要取决于气候和土壤这两个基本的地理要素。气候要素，尤其是温度和雨量，决定着每个区域作物种植的可能性。在雨水不足的地方，只有拥有河水灌溉，才能发展农业。阿根廷是气候多样的国家，由于气候、植被和地形条件不同，土壤的形成发育不同，它们的肥力取决于上述条件的优劣及土

29

地利用的程度。因此，阿根廷形成了多样的农业生态区。依照当地地形、气候条件以及农作物分布等因素，可以划分为5个农牧业专区。

（1）潘帕斯地区：包括布宜诺斯艾利斯省、科尔多瓦省南部、圣菲省南部、恩特雷里奥斯省。区内按不同水土条件又分为普通小麦区、玉米高粱区、多种作物区、草场繁殖区、育肥区和奶牛区。潘帕斯地区气候温和，雨量充沛，土壤肥沃，耕地面积2 300多万公顷，占全国耕地面积的92％；种植业产值占阿根廷全国种植业总产值的53％，畜牧业产值占阿根廷全国畜牧业总产值的83％，小麦和玉米产量分别占全国总产量的97.5％和93.3％，是全国粮食、饲料、油料和畜产品的主要产区。

（2）东北地区：包括米西奥内斯省、科连特斯省、福莫萨省、查科省、圣菲省北部。盛产油桐、林木、水稻、马黛茶和热带水果。查科省为产棉区。东北部地区为高温高湿地区，该区域的重点作物为水果、棉花以及深受阿根廷人喜爱的茶叶，该地区的林业以及畜牧业也获得了十足的发展。这一地区的农业产值占全国农业总产值的20％。

（3）西北地区：包括胡胡伊省、萨尔塔省、拉里奥哈省、卡塔马卡省、图库曼省、圣地亚哥—德尔埃斯特罗省、科尔多瓦省东北部。西北地区位于干旱农作物生产带，主要作物为甘蔗、烟草、柑橘。全区经济作物产值占全国经济作物总产值的32％，居各区之首。图库曼省为阿根廷全国主要的甘蔗产区。

（4）库约地区：包括门多萨省、圣胡安省、圣路易斯省、拉潘帕省西南部。该区位于安第斯山区的农业生产区，当地人充分利用气候温暖、日照时间长、能量充足的优势，在山间谷地以及山麓地带着重建设以葡萄种植为主的产业。

（5）巴塔哥尼亚地区：包括内乌肯省、里奥内格罗省、丘布特省、圣克鲁斯省和火地岛省。全区位于巴塔哥尼亚高原的生产区，低温少雨，优势产业是养羊业，该地区是阿根廷重要的羊毛生产基地。

阿根廷大约90％的粮食作物（大豆、玉米、小麦）种植区位于潘帕斯和查科地区。

二、林业地理分区

见第一章阿根廷农业资源概况第四节林业资源。

三、渔业地理分区

见第一章阿根廷农业资源概况第六节渔业资源。

第二节 种 植 业

阿根廷粮食作物以小麦、玉米、高粱为主,油料作物以大豆、向日葵、花生为主。阿根廷政府重视选育和应用优良品种,专门制定了种子法,大豆、小麦、玉米、高粱、向日葵等均实现良种化。谷物为阿根廷大宗出口农产品,几乎垄断了南美洲谷物出口市场,年产谷物 4 000 多万吨,出口 2 000 多万吨,占世界谷物贸易量的 10% 左右。阿根廷是大豆、玉米、小麦、高粱、豆油、豆粉、葵花籽油、梨、柠檬的主要出口国。阿根廷的种植业主要由粮食作物、油料作物、水果和经济作物等四大类构成。

一、谷物

粮食作物在种植业中占有举足轻重的位置,主要由小麦、玉米、高粱三大作物及稻谷、燕麦、黑麦、大麦等所构成。阿根廷种植户通常会选择至少 3 种作物进行轮作,最常见的轮作作物是玉米、大豆、小麦或者向日葵,也有很多人在种植几年谷物后改作牧场,种植苜蓿等。调查显示,阿根廷大约 97% 的谷物种植户至少种植两种以上的作物。

(一)小麦

阿根廷的小麦产量仅次于大豆和玉米,是第三大作物。阿根廷小麦种植区主要集中在布宜诺斯艾利斯、科尔多瓦、圣菲、拉潘帕和恩特雷里奥斯省。阿根廷种植的小麦几乎全是普通小麦,也被称为面包小麦。除普通小麦外,阿根廷还种植少量硬粒小麦,其产量只有小麦总产量的 1%～1.5%。阿根廷小麦播种集中在 5 月至 7 月,9 月至 10 月抽穗,11 月至次年 1 月集中收获。

阿根廷小麦种植面积每年通常保持在 500 万公顷左右,2017—2018 年度阿根廷小麦种植面积约 550 万公顷。根据阿根廷农产工业部的数据,国内小麦产量从 2006—2007 年的 1 450 万吨增加到 2016—2017 年的 1 840 万吨，在过去十年中增加了 26.4%。布宜诺斯艾利斯省集中了阿根廷 50% 以上的产量，其次是科尔多瓦、圣菲省、恩特雷里奥斯省。国内小麦销售市场保持相对稳定，消费量约 600 万吨。由于小麦不被用作饲料谷物，国内消费后的剩余产量则用于出口。

阿根廷的小麦产业化在全国范围内广泛进行，布宜诺斯艾利斯省是小麦磨坊最集中的省份，也是小麦种植面积最大的地区。小麦研磨是加工业的第一个环节，为国内外市场的需求者提供各种面粉和副产品。此外，小麦加工业还生产传统面包、饼干、面食、面包粉以及向家庭零售的面粉。阿根廷一直是世界小麦粉市场的重要参与者，主要供应巴西和玻利维亚。

（二）玉米

玉米是世界三大谷物之一，也是阿根廷的传统种植作物之一。近年来随着全球玉米价格的不断上涨，玉米在阿根廷农业中占据越来越重要的地位，产出与出口量不断提高。2018 年，阿根廷玉米产量超过了大豆，居粮食作物第一位。2016—2017 年度，玉米产量最高，达到 4 950 万吨。科尔多瓦省玉米产量占阿根廷全国玉米产量的 32.7%，其次是布宜诺斯艾利斯省（26.2%）、圣菲省（11.7%）和圣地亚哥—德尔埃斯特罗省（9.7%）。

1. 主要产区

在阿根廷，大约 80% 的玉米生产集中在布宜诺斯艾利斯省北部、科尔多瓦省东南部和圣菲省南部，这是一个传统上称为"核心产区"的地区。此外，圣地亚哥—德尔埃斯特罗省、恩特雷里奥斯省、拉潘帕省和查科省也是玉米的重要产区。

2. 栽培方式

与巴西每年两季玉米的种植方式不同，阿根廷每年只种植一季玉米。根据地区的不同，从每年 9 月，阿根廷的北部地区就开始种植玉米；10 月是最主要的种植时间，阿根廷中部多在此时开始种植，这也是阿根廷的玉米主产区；12 月的时候阿根廷南部地区也将完成玉米种植。通常每年 1 月，北部部分地区的玉米已经接近成熟了，5 月阿根廷全国范围内的玉米收割基本全部完成。

3. 玉米加工业

阿根廷玉米加工业主要分布于主要玉米产区，如磨粉厂和生物燃料加工厂。玉米磨坊可以分为湿磨和干磨两种类型，只有少数加工企业具有湿磨加工的能力，且加工规模比较大，每天的加工量约为4 400吨。干法研磨和饲料研磨则有较多的加工企业在经营。

湿磨：谷物进入磨机后，先用硫黄水浸泡。这一过程促进了4种基本成分的分离：淀粉、玉米油（胚芽）、食用面筋和成分面筋。主要产品为热量甜味剂、淀粉、面筋粉、面筋饲料等副产品、高果糖玉米糖浆、焦糖色素、麦芽糖糖浆、葡萄糖糖浆、混合糖浆。许多副产品被用作饲料或动物营养的补充。产品用途为食品加工和制药业的原料。

干磨：谷物进入磨机后，主要是分离玉米的胚芽和胚乳，并生产玉米粗粉和精粉。主要产品为玉米面（玉米粉）、精粉和用于酿酒的原料。产品用途主要是生产早餐谷类、零食或膨化谷类、汤类、啤酒等。

（三）高粱

阿根廷高粱生产集中在潘帕斯地区，圣菲省和科尔多瓦省的种植能力最强。高粱种植成本较低，使其能够以较高的生产效率与玉米和大豆等作物竞争。高粱用途多种多样，不仅可供人类消费和动物饲料，还可以用于生产纸张、生产黏合剂、提炼矿石等工业用途。阿根廷高粱生产主要满足国内加工业和出口贸易。

从20世纪70年代至今，阿根廷高粱播种面积和产量有所下降。20世纪70年代末期，阿根廷高粱种植面积为278万公顷，产量为700万吨，1987年降为100.5万公顷、304万吨，1995年为62.4万公顷、162万吨，2007年产量恢复到280万吨，2011年恢复到367万吨。阿根廷重视高粱新品种的开发，规定新品种必须经3～6年观察鉴定，合格者才准许大量生产和出售。高粱作为青贮饲料需要具有较好的品质（单宁含量低），才能具有同玉米相似的营养价值。通过品种筛选，阿根廷部分高粱已基本实现良种化。

二、油料作物

阿根廷的油料生产主要由大豆、向日葵、亚麻子和花生构成，其生产和出口在世界上占有重要地位。

（一）大豆

阿根廷大面积种植大豆始于 20 世纪 70 年代。90 年代中期以来，大豆生产发展迅速，种植面积从 1996 年的 590 万公顷上升到目前的近 2 000 万公顷，总产量从 1 100 多万吨上升到目前的近 5 000 万吨。1996 年，阿根廷政府向孟山都公司颁发许可证，允许其在阿根廷独家销售转基因大豆种子，目前阿根廷转基因大豆种植面积已超过 1 700 万公顷，占全国大豆种植面积的 95％以上，其中 90％以上采用孟山都公司的转基因大豆种子。

1. 大豆的主要产区

阿根廷大豆产区的降水量大都在 500 毫米以上，沿河区东部（如米西奥内斯省）可达 1 500 毫米以上。阿根廷大豆产区主要分布在里奥内格罗省以北、安第斯山脉以东的广大地区，南纬 22°～40°。阿根廷沿用美国大豆品种熟期组的划分方法，根据每组品种在其适应地区成熟期的早晚，以及地区纬度划分为 13 组。通常按纬度将阿根廷大豆生产划分为 3 个产区。

（1）北部地区。含西北部的胡胡伊省、萨尔塔省、圣地亚哥—德尔埃斯特罗省、图库曼省、卡塔马卡省，沿河区的福莫萨省、查科省、米西奥内斯省、科连特斯省全部、圣菲省的北部，以及中部地区科尔多瓦省的北端、库约地区拉里奥省的东北部。圣菲省为阿根廷最大的大豆生产省（2004 年总产量为 1 486.159 7万吨），其次为布宜诺斯艾利斯省（1 456.151 2 万吨）。

北部地区光热资源丰富，大豆播种期很宽，北部接近赤道的地区可在 9 月初至翌年 2 月上旬播种，南部（南纬 28°～30°）地区可在 9 月下旬至次年 1 月下旬播种。成熟期在 1 月至 6 月，品种成熟期分组在Ⅳ～Ⅸ组。

（2）北潘帕斯草原区。含沿河区圣菲省的北部、恩特雷里奥斯省全部以及中部地区科尔多瓦省的大部，拉潘帕省和布宜诺斯艾利斯省北部以及库约地区拉里奥省南部、圣胡安省东端、圣路易斯省大部、门多萨省东端。该区大豆播种期在 9 月底到次年 1 月中旬，成熟期在 2 月至 5 月，品种成熟期分组在Ⅲ～Ⅵ组。

（3）南潘帕斯草原区。主要包括中部地区拉潘帕省大部和布宜诺斯艾利斯省中部和南部。该地区大豆播种期在 10 月底到 12 月中旬，成熟期在 3 月至 4 月，大豆品种的成熟期分组在Ⅱ～Ⅳ组。

2. 品种类型

阿根廷收集的大豆品种资源成熟期组在Ⅱ～Ⅸ组，推广品种的成熟期组在

Ⅲ组下限（晚熟）至Ⅷ组上限（早熟）。北部低纬度地区大豆品种的成熟期组别较高（晚熟），南部地区则种植生育期组别较低（早熟）的品种（表2-1）。阿根廷以前选育的大豆品种株高在105厘米上下，近年育成的新品种以矮秆（70厘米左右）者为多。在高产地区，典型品种的特征是：矮秆，节间短，大粒（百粒重18~21克）。Ⅲ组至Ⅴ组上限（早熟）品种以无限结荚习性为主，Ⅴ组或更晚熟品种以有限结荚习性为主，株高在85厘米左右。在干旱和低肥地区，分枝较多，百粒重较小。

表2-1 阿根廷不同地区大豆品种的成熟期组

省名	地点	纬度	经度	海拔（米）	成熟期组
布宜诺斯艾利斯	Chacabuco	34°39′	60°29′	71	Ⅲ~Ⅳ
	Pergamino	33°53′	60°34′	69	Ⅲ~Ⅴ
圣菲	Venado Tuerto	33°45′	61°58′	119	Ⅲ~Ⅴ
	Maciel	32°28′	60°53′	20	Ⅲ~Ⅶ
科尔多瓦	Marcos Juárez	32°42′	62°02′	111	Ⅴ~Ⅵ
恩特雷里奥斯	Paraná	31°50′	62°32′	103	Ⅵ~Ⅶ
圣地亚哥—德尔埃斯特罗	La María	28°03′	64°15′	169	Ⅶ~Ⅷ
图库曼	Famaillá	27°03′	65°24′	364	Ⅶ~Ⅷ
	San Agustín	26°49′	64°50′	400	Ⅶ~Ⅷ
	La Cruz	26°38′	64°52′	560	Ⅶ~Ⅷ

资料来源：韩天富. 阿根廷大豆生产和科研概况［J］. 大豆科学，2007，26（2）：264.

阿根廷大豆生产过程已全部实现机械化。阿根廷国产播种机和喷药机械质量很好，可满足本国大豆生产需要，而联合收割机和拖拉机则以进口产品为主，进口农机多数来自巴西，少数来自美国。良好的生产条件、先进的栽培技术、高产优质品种的不断育成和推广使阿根廷大豆单位面积产量在世界大豆主产国中一直名列前茅，并创造了一批高产典型。免耕、节肥和耐除草剂转基因大豆的推广使阿根廷大豆生产的直接成本不断降低，但农民的税负很重。大豆销售税高达销售额的23%，加上其他税种，农民税前纯收入的近一半要上缴。大豆税收是政府收入的重要来源。

(二) 花生生产

2000—2002年，阿根廷年均种植花生约24万公顷，平均产量为1 551千克/公顷，总产量为380千吨，出口25万吨，居世界第三位，是主要的花生出口国。

1. 主要生产地区

阿根廷的花生生产集中在科尔多瓦省（88％），圣路易斯省（7％）和拉潘帕省（3％），圣菲省、萨尔塔省、布宜诺斯艾利斯省和胡胡伊省的部分地区也有较小的种植比例。致力于碾磨花生的公司也位于生产中心周边，主要在科尔多瓦省，其次是萨尔塔省、圣路易斯省和福莫萨省。科尔多瓦省的花生种植面积最广，总产量也最高，是阿根廷花生生产极为重要的区域。

2. 花生栽培

阿根廷的农牧业以农场主生产为主，一个农场主拥有 200～300 公顷土地。土地周围建有篱笆，便于圈养牛群、放牧和农作物轮作。阿根廷年均降水量约 800 毫米，80％多集中在 10 月至次年 3 月。所以，一年一熟的农作物种植就集中在这段时间内。肥料靠牲畜粪便和作物秸秆还田，不喷施农药，植被好，种植环境优越，有的土地实行免耕，属于无公害有机农业生产。

3. 花生加工和外贸

阿根廷花生加工企业集团拥有花生种植农场、花生加工厂和外贸出口权，真正实现了花生生产、加工和销售一体化。如建立在科尔多瓦省南部花生产区的一所大规模的现代化花生加工企业，创建于 1948 年，它拥有 3 个花生加工厂。其中两个在该省，有 70％的花生在这里加工筛选出，出口花生米和花生油，平均每天加工花生米约 500 吨。另一个设在外省，制作出口花生酱和各种花生食品。

（三）橄榄生产

橄榄油以其卓越的品质成为理想的天然健康食品。优质的橄榄油是由 4 个因素决定的，第一是亚热带干燥气候，温度范围大，降雨稀少以及超过 300 天的极度光照。第二是土地通风条件好，营养丰富以及适合的灌溉系统。第三是橄榄必须拥有优秀的基因。第四是由掌握技术的人员精心照顾，辅以现代的生产和质量控制体系，同时保持橄榄的香气和味道，并使其在橄榄油中得到最大的发挥。阿根廷油橄榄种植工业极好地保持了这 4 个因素，这使得它成为地中海盆地以外最大的油橄榄生产地，也正因为如此，在最近几年，阿根廷成为世界第六大橄榄油出口国。

1. 种植品种

阿根廷是极少的几个可以持续保持橄榄油生产增长的国家之一。橄榄园绵延数千千米，从北到南，保持了各个品种橄榄油的特点，包括：Manzanilla，Real，Barnea，Coratina，Frantoio，Empeltre，Arbequina，Picual y Changlot Real 等。另外，阿根廷还出产一个原生品种，阿劳科。无论是在卡塔马卡省还是拉里奥哈省，主要的品种是 Arbequina，其种植面积超过 50%。

2. 种植区域

橄榄种植面积达到 10.4 万公顷，7.2 万公顷处于灌溉区，分布于卡塔马卡、拉里奥哈、圣胡安、门多萨、科尔多瓦、布宜诺斯艾利斯、里奥内格罗和圣路易斯。种植区不同，橄榄的收获季节也不同，一般在 2 月至 7 月。

中部地区：潘帕斯草原拥有两个橄榄种植区，一个位于草原南部海岸边缘，另一个在草原西北部靠近安第斯山脉的山区。潘帕斯草原的橄榄种植面积占阿根廷橄榄种植总面积的 9%。

库约地区：位于安第斯山脉的山麓中，该地区拥有纵横交错的运河、高山融雪，促成了库约地区肥沃而坚固的土地。橄榄树和多种果树交错分布在这块土地上，该区域橄榄种植面积占阿根廷橄榄种植总面积的 62%。

西北地区：这是一个多山的地区，在北部和西部末端海拔达到 4 000 米以上。走向中心，沟壑切割的风景呈黄色、棕色和红色，然后被转换成致密的亚热带山谷或平原。南方是地势崎岖的岩石平原。最后，在山脚下的山谷中，郁郁葱葱的山丘上种植着橄榄树。该区域橄榄种植面积占阿根廷橄榄种植总面积的 28%。

巴塔哥尼亚地区：巴塔哥尼亚地区北部种植了少量橄榄，并出产世界最南端的一些橄榄品种。

3. 橄榄油生产

阿根廷提供的优质橄榄油包括：单品种、双品种、初榨品种、特级初榨品种、有机品种和"混合"品种。出口到世界 36 个国家，出口量为 2.16 万吨，美国是主要进口国，进口量为 1.2 万吨，巴西进口量为 7 000 吨。

橄榄油的感官分析被越来越多地用于工业和商业生产，为消费者提供品鉴橄榄油口感特征信息的采集。橄榄油评估的指标包括味道（苦、辣、甜），香味（叶子、果实、草）以及结果的水平。阿根廷是拉丁美洲国家中唯一一个获得国际橄榄油理事会批准拥有两个品尝小组的国家（一个来自卡塔马卡省，另一个来自圣胡安省），阿根廷于 2009 年成为该理事会的正式成员。

三、经济作物

(一) 马黛茶

马黛茶是冬青科大叶冬青近似的一种多年生木本植物，马黛树一般株高3～6米，野生的可达 20 米，树叶翠绿，呈椭圆形，枝叶间开雪白小花，生长于南美洲，又称巴拉圭草。"马黛茶"是阿根廷家喻户晓的冲泡饮品，至今已有 400 多年的历史了。"马黛茶"之所以叫茶，是因为它有着与中国茶相似的（冲泡）饮用方式。它与中国茶没有任何亲缘关系，完全是不同的植物来源，气味和各种营养成分及化学成分都大不相同。马黛茶富含单宁，这是它味苦的原因，还可以提供多种氨基酸、维生素（维生素 A_1、维生素 B_1、维生素 B_2、维生素 C 和维生素 K）和矿物质（钾、铁、磷和钠）。具有刺激中枢神经系统，但不干扰睡眠的特点。它还具有很高的抗氧化能力，给人一种健康的感觉。据统计，阿根廷每位居民每年平均消费 6.4 千克马黛茶。

1. 马黛茶树的种植区

阿根廷马黛茶树主要种植于米西奥内斯和科伦蒂斯的东北部，富含铁元素的红色土壤以及湿润的亚热带气候，是马黛茶生长的理想产区，两地茶叶产量分别占全国产量的 90% 和 10%。阿根廷是世界领先的马黛茶生产国，约占全球市场份额的 50%。2006—2009 年，马黛茶树绿叶产量有所下降，虽然绿叶产量有所波动，但直到 2016 年，马黛茶成品产量成稳步增长趋势。2016 年产量达到 82 万吨，创下了近十年的最高产量。

2. 马黛茶的种植和加工

生产马黛茶，需要将绿叶烘焙干燥和研磨，一般生产 1 千克马黛茶，需要3 千克绿叶。在从收获到包装整个生产过程中，马黛茶仅进行物理干燥、保温和研磨，是 100% 纯天然产品。

用成熟的种子培育马黛茶的幼苗，待它们长到 7 厘米，幼苗在苗圃中培育9～12 个月，转移到田间。生长 4 年的植株才适合修剪或收获。每年的 4 月至9 月是收获的理想月份，因为叶子成熟，植物处于营养休眠期。

在加工过程中，将绿叶直接加热烘焙，使叶片湿度降至最低，持续干燥，并获得干而脆的叶片。对已经干燥的叶片进行第一次粗磨，然后将叶片放在袋子里，在控温控湿的仓库里存放 9 个月或更长时间。在研磨过程中，每一个品牌都会按一定比例混合枝梗、粉末还有叶片，这将决定马黛茶的味道、香味和颜色。

（二）烟草种植业

阿根廷在 2003—2004 年生产了 157 294 吨烟草，其中大部分（93 327 吨）用于出口，烟草种植面积为 831.75 平方千米。

烟草生产商集中在阿根廷北部的省份，胡胡伊省、萨尔塔省（西北地区）和米西奥内斯省（美索不达米亚地区），平均年产量超过 45 000 吨。其他烟草生产省份还有图库曼省、科伦特斯省、查科省和卡塔马卡省。烟草在产区经济中起着重要作用，这些产区是相对贫困的省份。阿根廷烟草业有 500 000 名员工，其中约有一半直接从事种植和收割工作，只有约 2% 的员工从事衍生产品的生产，其余员工从事分销和销售工作。因此，尽管吸烟不利于人体健康，但阿根廷中央政府还是通过烟草专项基金（Fondo Especial del Tabaco，FET）为生产者提供支持，使产业现代化，该基金包括相关补贴和更容易获得信贷的机会。

四、水果

（一）葡萄生产

葡萄酒也是阿根廷传统文化的一部分。阿根廷幅员辽阔的国土、丰富的土地和结合了纬度、海拔和山脉的"三维"葡萄酒酿造技术，使阿根廷成为葡萄种植的绝佳之地。自然条件与深厚的葡萄酒文化也赋予了阿根廷葡萄酒独特的身份和品质。虽然，阿根廷的葡萄酒行业比许多旧世界的葡萄酒行业年轻得多，但它已成长为世界第五大葡萄酒生产国（仅次于意大利、西班牙、法国和美国），也是南美最大的葡萄酒生产国。

1. 葡萄产区

阿根廷的大部分葡萄栽培都沿着安第斯山脉山麓的一条狭窄的条带进行。在这里，半干旱气候生产的葡萄具有浓郁的风味，而每天巨大的温度变化（炎热的夜晚和寒冷的夜晚）则有助于葡萄缓慢成熟，从而实现糖和酸的平衡。阿根廷有 3 个主要的葡萄酒产区：北部产区、库约产区和巴塔哥尼亚产区。

2. 葡萄品种

按颜色可以分为红色葡萄品种、白色葡萄品种以及粉色葡萄品种。沿安第斯山脉从北到南约 3 800 千米，葡萄园占地 531 704.12 英亩① （2019 年），其中红色葡萄种植面积占 58%，白色葡萄占 18%，粉色葡萄占 24%，每个品种都具有当地独有的特征。

（二）蓝莓生产

阿根廷蓝莓商业化种植起源于 1991 年，2000 年以后逐步发展壮大，到 2006 年底蓝莓栽培面积达到 4 000 公顷，目前仍属于高速发展的新兴产业。阿根廷是全球主要的蓝莓生产国之一，拥有大量的出口业务，其地理位置使得反季节生产成为可能，在北半球蓝莓产量低的时期达到反季节供应，从而提升其蓝莓出口。

1. 生产区域分布

阿根廷蓝莓种植面积达 2 800 公顷，主要分布在图库曼省、恩特雷里奥斯省和布宜诺斯艾利斯省。同时，萨尔塔、圣菲、科连特斯和米西奥内斯各省的部分地区也有蓝莓种植。

2. 贸易情况

阿根廷蓝莓鲜果 95% 以上出口到欧美，2005—2006 年度出口美国 1 710 吨，占总出口量的 63%，出口欧洲 950 吨，占总出口量的 35%。2006—2007 年度出口 5 654 吨，比上一年度增长 2 倍以上。2019 年阿根廷蓝莓年产量达 1.8 万吨，其中 95% 用于出口。2018 年阿根廷首次向中国出口蓝莓。阿根廷 95% 的蓝莓以新鲜水果的形式出口，约 2% 的蓝莓在当地市场消费，其余 3% 用于加工，主要加工产品包括蓝莓干、冷冻蓝莓、果汁、果酱、冰激凌糊、酸奶和糕点。在盛果期主要通过空运运输蓝莓，成本较高，11 月中旬后部分通过海运运输，以降低运输成本，但阿根廷蓝莓存在果蝇虫害，出口时需要通过溴甲烷熏蒸，对蓝莓品质和保质期影响较大，需要通过技术攻关在生产环节加以控制。

（三）梨生产

阿根廷梨栽培区域主要在温带地区，其中里奥内格罗省占 80%，内乌肯省占 15%，还有 5% 分布在门多萨省。阿根廷和智利的梨主产区属温带大陆性干旱气候，年均降水量在 180 毫米左右，病虫害相对较少，非常有利于高质量

---

① 英亩为非法定计量单位，1 英亩≈0.404 69 公顷。——编者注

the梨果生产。

阿根廷主要栽培梨品种：盘克汉姆（占41%），安久（占24%），威廉姆斯（占16%），阿巴特（占6%），博斯克（占5%）。其他品种有伏茄、茄梨和红安久等。

在阿根廷梨主产区，利用Franco、BA29、BPI、MC、Sydo 5种砧木嫁接威廉姆斯、阿巴特和安久梨。结果表明Franco是综合表现最好的，而Sydo砧木表现出轻度到中度的不亲和性，严重的导致早衰死亡。所有以Sydo为砧木的品种产量相对偏低，也可能与当地的高温、干旱和强风有关。阿根廷梨主产区每年要面对春季持续的强风威胁，研究表明在设有高于20米的防风林的情况下，可以有效减弱强风危害，修剪保留枝条不宜过长。

（四）杧果生产

阿根廷杧果[①]的主要产区是：胡胡伊、萨尔塔、福莫萨、米西奥内斯、科连特斯和图库曼省。2015年栽培面积约500公顷，年产量7 500吨，年销售额3 750万美元。阿根廷国家农业技术研究所（INTA）拥有从西班牙、秘鲁和巴西收集的不同杧果品种和砧木的资源库，杧果发展前景良好。为了获得高质量的杧果，INTA计划从成熟度、采后处理、栽培技术和病虫害防治等方面下功夫，以期提高杧果品质和产量。

（五）柠檬生产

阿根廷柑橘类水果生产主要包括柠檬、橙、红橘、葡萄柚等。2001—2002年度柑橘类水果产量为260万吨，较上年度下降约9%。所产柑橘中柠檬占47%，橙占30%，红橘占16%，葡萄柚占7%。

阿根廷柠檬种植面积达5万公顷，其中90%集中在图库曼省，其余10%分布在萨尔塔省、胡胡伊省、恩特雷里奥斯省和科连特斯省。柠檬平均单产为35吨/公顷。阿根廷柠檬采收持续4~5个月，解决了图库曼省5万人的就业问题，是该省除政府雇员外最大的就业行业。该省有12家水果加工厂，35~40家包装公司，主要吸纳女性劳动力。与绝大多数区域经济不同，阿根廷柠

---

① "杧果"在日常生活中常用"芒果"来表达。在表达相关产业时，本书使用中国植物志中的表达方式，即"杧果"。

41

檬产业利润可观。

（六）苹果生产

阿根廷苹果的主产区分布在里奥内格罗山谷和里奥罗依昆两地，起伏绵延160多千米，集中在纽昆城附近。大部分果园建在谷底的平地上，并栽植了防护林，以防风害。有些苹果园的土地原来是种植番茄等作物的，但大部分苹果园的土地是由生长蒿草的荒地改良的。该区位于南纬 38°～39°，其立地条件与美国华盛顿州中部相似，海拔 122～244 米，年均降水量约 203 毫米。主栽品种为澳洲青苹和红元帅。

五、园艺作物

20 世纪初，阿根廷的园艺生产在主要城市周围的绿化带中发展起来。生产者一般都是小庄园，专门生产国内市场上商业化的特定物种。几年后，这个系统被一个生产性的区域化过程所取代，这个过程寻求更好地利用不同地区及其相应生态系统的特点，优化性能和质量，并设法扩大某些种类的供应。在20 世纪 80 年代，阿根廷专门用于园艺生产的土地不到 18 万公顷，之后的 10年里，阿根廷园艺产业开始了一个重要的出口过程，园艺作物生产扩大，产业链的每个环节现代化，纳入外部市场所需的品种，并使收获和包装系统现代化，实行最严格的质量控制。至今，有 30 万公顷的土地用于园艺产业，这是一个对环境友好的生产系统。联合国粮农组织数据显示，阿根廷是大蒜的第二大出口国，洋葱的第八大出口国，南瓜、西葫芦、番茄和玉米或甜玉米生产也具有特殊地位，马铃薯种子和辣椒的出口量也在逐年增加。

在阿根廷，豆科植物的种植面积超过 12.7 万公顷，在过去的几十年里，尽管外部市场发生了变化，但通过在从种子遗传到收获后处理等领域采用新技术，产量有所增加，达到了最高的质量标准。阿根廷在国际豆类市场上享有盛誉，是全球第三大豆类出口国，也是质量公认的豆类出口国。

第三节 林 业

近年来，阿根廷林业产业发展迅速，但林业工业的潜力并没有得到充分发挥。林业产业需要注入大量的新投资，使完备的林业生态体系同比较发达的林业产业体系相结合。

一、林木加工业的分布及生产状况

阿根廷林业资源的分布结构决定其林业加工工业集中在"美索不达米亚"地区（米西奥内斯省、科连特斯省、恩特雷里奥斯省）和布宜诺斯艾利斯省。阿根廷木材加工基地一般位于具备森林资源禀赋的地区，而终端产品生产基地则位于主要的消费中心，如布宜诺斯艾利斯省、圣菲省、科尔多瓦省等。

米西奥内斯省林业加工业水平较高，林业加工业也是该省的支柱产业，该省拥有一个大规模的纸浆生产企业，一家大型造纸厂，一家现代化的纤维板厂，两家大型锯木厂以及数家中型木材厂和大批小型木材加工企业。科连特斯省林地种植面积超过 30 万公顷，但林业加工业发展相对滞后。如何有效利用林业资源发展加工工业是该省亟待解决的问题。

恩特雷里奥斯省拥有大批小型木材加工企业，主要加工桉树和松树产品。其生产废料和边角料木材输往布宜诺斯艾利斯省和圣菲省的木板和纸浆生产企业。省内木材生产厂亟待引进技术设备用以生产、加工桉树木材。

二、林木加工的生产类型

2004 年，阿根廷林业加工业消耗了 750 万吨人工林商品材以及 106 万吨天然林商品材。其中，80％的天然林原料用于木材加工，9％用于单宁酸（鞣酸）生产，其他用于加工化工产品的配套生产。

阿根廷人工林原料中的 46％用于纸浆生产，41％用于木材加工，其余13％用于生产板材及其他产品。人工林采伐树种中松树占 66％，米西奥内斯省和科连特斯省采伐松树的比例最高，主要用作纸浆的生产原料。采伐桉树占23％，主要采伐区为科连特斯省和恩特雷里奥斯省。柳树采伐量占 8％，主要采伐区为布宜诺斯艾利斯河口三角洲地带和恩特雷里奥斯省。

（一）造纸和纤维生产

阿根廷共有 64 家造纸企业，其中规模以上的纸浆、纤维生产企业 11 家，纸张、纸板生产企业 8 家。造纸行业共创造了 1 万余个工作岗位。行业生产能力为年产 110 万吨纸浆和 190 万吨纸张。阿根廷纸板生产企业生产原料 54％为松树，31％为桉树，18％为柳树。另有 3 家企业利用棉籽、秸秆残渣等原料生产纸张及其他产品。2004 年，阿根廷共生产 93 万吨纸浆，生产 134 万吨纸张和纸板。各类纸张产品中印刷纸产量最高，其余 45％为包装纸。阿根廷是拉丁美洲第三大纸浆生产国，第四大纸张、纸箱生产国。

（二）木材加工

根据阿根廷木材工业联合会统计的数据，阿根廷境内共有 2 230 个木材加工企业，2.06 万名员工。其中有 10 家规模较大的现代化木材加工厂。木材加工企业主要集中在"美索不达米亚"地区（米西奥内斯省、科连特斯省、恩特雷里奥斯省）。米西奥内斯省有 660 家木材生产企业，恩特雷里奥斯省有 260 家，科连特斯省有 232 家。一般来说，阿根廷大中型木材加工企业都拥有自己的林场，并不断在栽培、种植领域大量投资以保障生产原料的供应，同时引进先进的技术和设备，产品品质较高，生产木材主要用于出口。阿根廷天然林和人工林木材加工产量为 180 万立方米，其中松木占首位，其次是桉树和柳树。

（三）板材、纤维板生产加工

20 世纪 90 年代在木材加工生产领域实施的大量投资使该行业的生产能力不断增加，出口也逐渐提高。纤维板材加工业的发展速度尤为突出，其中以中密度纤维板材为主。相关生产企业是少数大型生产企业。其中，粒子板生产企业共有 5 家，生产原料的 40％为柳树木材，其次为桉树、杨树和松树木材。板材生产中家具原料的胶合板的产量最大，近年来建筑用各类板材的生产有明显提高的趋势。此外，还有 4 家主要的纤维板生产企业，生产原料为松木和桉树。其中两家企业生产中密度板材，另有一家生产高密度板材的企业，产品面向家具生产行业。近年来，阿根廷木业板材及鞣酸产业的发展态势良好，现有 29 家木业板材（化学）加工企业，主要原料为桉树及松树树干。4 家木板材生产企业 2004 年生产 1 430 立方米的板材，主要原料为天然林树木。

（四）鞣酸生产加工

单宁酸（又称鞣酸）主要用途是制革业作革鞣剂，印染业作媒染剂、固色剂。单宁酸还是制蓝黑墨水的原料之一，是重要的制药原料。阿根廷鞣酸企业主要集中在查科、福莫萨省，主要原料为红坚木。

三、林业产业对外贸易

阿根廷历来是一个林业产品进口国，1990—2000 年阿根廷林产品贸易逆差为 5.7 亿美元，主要进口产品为纸张和纸箱。2002 年发生的严重的经济、金融危机改变了阿根廷林业对外贸易的结构。由于取消联系汇率，阿根廷比索兑美元大幅贬值，包括林产品在内的进口大幅度下降，出口逐渐回升，阿根廷林业对外贸易也因此趋于平衡。此外，20 世纪 90 年代在林业产业注入的大量本国及外国投资也使该行业逐渐显现发展的活力，尤其是一些高附加值的深加工产品、纤维板材和其他终端产品发展迅速。阿根廷林业产业最大的投资国为智利，占整个产业外资比重的 46%。外国公司种植人工林面积以每年 12 万公顷的速度增加，总种植面积超过 100 万公顷。

第四节 畜牧业生产

一、畜牧业生产状况

阿根廷的畜牧业以养牛业为主，同时还有养羊业、养禽业和养猪业等。2007 年阿根廷肉类产量位居世界第 10 位，肉类的生产结构为：牛肉 63.7%、禽肉 27.1%、猪肉 5.2%、羊肉 1.4%、马肉 1.3%、兔肉 0.2%、其他肉类 1.1%。

（一）养牛业

阿根廷全国各地都适宜牧牛，根据农业生态条件的不同，全国可以划分为 5 个大型牧区：潘帕斯地区、东北地区（NEA）、西北地区（NOA）、半干旱区以及巴塔哥尼亚地区，其中潘帕斯地区牧牛条件最为优越，那里聚集着全国 58% 的牛群，阿根廷 80% 的牛肉来自该地区。

1. 牛的品种

短角牛（或称达勒姆牛）在良种牛培育过程的初期，曾在潘帕斯地区占绝对的优势。它的肉质好，小牛的出肉率为活牛体重的 64%。其母牛也是优良的乳用牛，毛色呈赤红、浅红和白色，两角短小，所以英国人（原产国）称其为 short horn（短角）。短角牛非常适应潘帕斯的温带气候，但它需要较好的牧草。

赫里福牛的原产地也是英国，大约自 1864 年起引入阿根廷。它耐粗饲，适应潘帕斯各地气候，尤其喜欢那些气候变化有规律的地方。出肉率很高（达体重的 60%），毛色以赤红为主，头、胸、蹄、尾和角为白色。

阿伯丁—安格斯牛自 1879 年起从其原产地苏格兰引入潘帕斯地区，该品种是饲养者非常喜欢的品种，在阿根廷分布很广，因为它不管是粗劣的还是咸涩的草料都能食用，能够在所有的地方饲养。1937—1960 年，阿根廷的阿伯丁—安格斯牛存栏数从 175 万头猛增到 1 170 万头。这种毛色深黑的牛种肉细味美，瘦肉内夹杂脂肪，这一点使它们尤其适宜出口。

荷兰—阿根廷牛是大约 1883 年起从荷兰引入的品种。它分布于潘帕斯地区的北部和中部，以产乳量高而闻名，是最受奶牛场欢迎的牛种。它的被毛呈白色，夹有黑斑。

除以上的主要品种外，还有一些分布范围较小的其他品种：瘤牛（也叫婆罗门牛或内索莱牛），自 1940 年引入阿根廷的热带地区，潘帕斯地区也略有分布；夏罗莱斯牛，产大量瘦肉，主要供给欧洲市场，这种牛非常适合在潘帕斯地区养殖。

养牛业在阿根廷的经济活动中占有重要地位，阿根廷农牧业 GNP 的 35%～40% 来源于牛肉生产。2007 年阿根廷牛肉产量和牛皮产量均居世界第 4 位，牛奶产量居世界第 16 位。牛肉在肉类产量中的比重从 1961 年的 82.3% 下降到 2007 年的 63.7%。

2. 牛奶生产概况

阿根廷奶业发展历史悠久，在奶牛养殖、奶制品加工和奶制品消费方面都具有较高的水平。2010 年，全国生鲜奶产量约 1 060 万吨，成年母牛存栏 180 多万头，养殖区域相对集中。阿根廷土地资源丰富，奶牛养殖均能配套一定数量的土地，确保牧场有适宜面积的土地用来从事奶牛养殖、饲草料种植和粪尿及污水消纳等。每个牧场的奶牛养殖规模约 150 头，占地 250 公顷，其中 85% 的土地用于奶牛养殖、15% 用于种植饲草料，牧场的土地 35% 都是从土地所有者手中承租的。平均而言，目前每头成年母（奶）牛配套的土地面积约

1.6 公顷。除有天然或人工草地外，牧场主多在牧场周边种植苜蓿和禾本科牧草，为奶牛提供丰富、优质的饲草料。奶牛养殖与牧草种植有机结合，既解决了饲草料供应问题，又解决了粪尿及污水的污染问题，可以为牧草种植提供最环保经济的有机肥。

阿根廷奶牛饲养以放牧为主、舍饲为辅，放牧与舍饲的主要牧草是苜蓿。除苜蓿以外，还使用大量储备饲料，主要是干草和青贮饲料以及补充的一些加工精饲料。总体而言，阿根廷奶牛养殖跟新西兰的全靠牧草放牧以及多数国家的集中圈养有所差别。由于放牧及饲料加工相对粗放，阿根廷奶牛单产水平整体不高，每头成年母牛年均产奶量 5 000 多千克，牛奶的成本比较低，目前的价格约合人民币 1.7 元/升，而我国的价格约 3.7 元/升。阿根廷奶牛场分布见表 2-2。

表 2-2　阿根廷奶牛场及奶制品加工厂分布

省份	奶牛养殖场数（个）	存栏数（头）	奶制品加工厂（个）
布宜诺斯艾利斯	2 843	461 599	276
科尔多瓦	3 717	642 705	342
恩特雷里奥斯	699	60 717	51
拉潘帕	126	21 409	24
圣菲	4 190	556 187	197
圣地亚哥—德尔埃斯特罗	191	28 348	
其他	163	12 868	
总计	11 929	1 783 833	890

（二）养羊业

巴塔哥尼亚地区是最大的养羊区，载羊量很低，平均不足 0.3 只/公顷，其次是潘帕斯草原区，主要采取牛羊混放。牧羊业是阿根廷农业系统中一个重要的组成部分，在阿根廷畜牧业中占据重要地位。根据生产用途可以把羊分为毛皮羊、肉用羊、奶用羊、兼用羊。

阿根廷传统牧羊业主要是饲养生产羊毛的绵羊，主要分布在巴塔哥尼亚、沿海地区和潘帕斯草原地区。尽管阿根廷的部分地区也集中饲养肉用绵羊，但几乎所有阿根廷省份都在饲养产毛的绵羊。近几年，羊奶及羊乳制品生产成为阿根廷畜牧生产的重要产业，尽管专门用于乳制品生产的绵羊数量比肉用羊和毛皮羊少得多，但是产乳羊养殖也是阿根廷中部地区（奶场）的主要生产活动之一。阿根廷山羊是人类驯养的野生种类，由于其早熟性、良好的环境适应性以及适宜游牧的特点，也是阿根廷常见的种类，它也可以提供羊肉、羊奶、羊皮和羊毛。

（三）家禽养殖业

在潘帕斯农村的畜牧业生产活动中，农场和养殖场饲养的禽畜的比例正在日益扩大，生产大量蛋品和雏鸡以满足城市需求的家禽养殖场占有重要地位。这些养殖场往往设在大城市的近郊，主要集中在布宜诺斯艾利斯省的皮拉尔县等几个地方。养殖场建造的各种设施，数量之多、技术之先进都是令人瞩目的。阿根廷的养禽业发展较快，禽肉在肉类产量中的比重从 1961 年的 1.6% 增加到 2007 年的 27.1%。阿根廷养禽业以鸡养殖为主，专业化程度较高，有专门的种蛋场、孵化场和饲料公司。2007 年阿根廷鸡肉产量居世界第 11 位，火鸡肉产量居世界第 13 位。

（四）养猪业

因产品的价值高，养猪业在潘帕斯地区畜牧业中具有重要地位。潘帕斯地区是玉米的重要产区，农户可以玉米及其茎叶为饲料，饲养这种体型较大的牲畜，潘帕斯地区也是开展养猪活动较为合适的地区。养殖数量最大的品种是短头红猪和巴克夏猪。

阿根廷猪的饲养量居世界第 7 位。猪肉在肉类产量中的比重从 1961 年的 7.2% 下降到 2007 年的 5.2%。猪肉产量在 20 世纪 60 年代为 18.97 万吨，70 年代达到 23.99 万吨，2000—2007 年恢复至 20 世纪 60 年代的水平，2007 年猪肉产量为 23 万吨。

（五）养马业

阿根廷是世界领先的马肉出口国，也是马肉的世界主要生产国之一。阿根廷马肉几乎全部出口，其国内消费几乎为零，阿根廷牧民不是为宰杀而饲养马匹，国人没有食用马肉的习惯。尽管在国内不会产生很大利润空间，但可以增加阿根廷的外汇收入。阿根廷自 1995 年起开始生产马肉，该年颁布了第 24525 号法律，该法律对养马活动进行了规定。在过去的几十年中，马肉的年平均出口额为 5 000 万美元。此外，国际市场对马肉的需求量比目前的生产量要大，表明马肉生产具有较大的潜力。

马肉生产在阿根廷一些特定地区是比较集中的，主要分布于布宜诺斯艾利斯省、科尔多瓦省和恩特雷里奥斯省。阿根廷国家农业食品质量和卫生局（SENASA）批准用于屠宰、加工和出口马肉的屠宰场并不多，布宜诺斯艾利斯是马肉出口量最大的省。

阿根廷是世界第六大赛马生产国和第一大马球生产国，赛马是阿根廷非常重要的体育和生产活动。在阿根廷繁殖优秀的赛马品种，定量增加赛马数量，是这一行业发展的重要途径。饲养马匹是劳动密集型行业，可直接或间接增加本国的工作岗位，饲养赛马也为草坪种植业等马术产业带来收益。

（六）养蜂业

在阿根廷，高品质蜂蜜的形成依赖丰富的蜜源植物资源、竞争性的养蜂经济体制和规范化养蜂技术的推广。阿根廷养蜂业成就了一系列蜂蜜品牌，比如以四叶草、荨麻、向日葵、苜蓿、百脉根、小冠花、菠萝、黄连、风信子、柑橘、桉树、油菜、蜡梅、罗望子、百里香、薄荷、牛至、胡萝卜、洋葱、柳树、桤木树、牧豆树、朴树、棕榈、枣树、红坚木、赤杨、柽柳等蜜源植物名称命名的蜂蜜，和（或）以它们分布地区名称命名的蜂蜜。阿根廷的蜂蜜生产是可持续的农产品生产。

此外，阿根廷还发展了养兔业（主要饲养安哥拉兔）、水貂饲养业和水獭饲养业，在这里就不一一赘述了。

二、阿根廷畜牧业生产优势与特征

阿根廷畜牧业发达，不仅是因为它拥有得天独厚的自然条件——温和、湿润、肥美的潘帕斯草原，更重要的是，它紧跟时代的步伐，合理利用生态条件，辛勤创业，不断革新，使畜牧业经历一个又一个飞跃，进入世界最前列。

（一）围栏放牧

围栏放牧好处甚多。牛羊在栏，自己吃草饮水，无须多加照管，大大节约了劳动力，每个牧工可以照料 200 多头牛，500～1 000 只羊。进入潘帕斯平原，常常一去几十里只见牛群，难见人影，一些养牛数百头以至近千头的牧场，一般只有一个牧工骑马巡游。更重要的是围栏放牧可以更合理地利用草场，按一定周期分区轮牧。例如有的地区牧草需要 40 天才能恢复生长，因此就把牧场分为 6 块，用围栏隔开，每栏放牧 8 天，等牛群回到第一栏时，那儿已经长出一层新草。这样，不仅牛群总能吃到鲜草，营养足，长膘快，而且保护了草场。围栏放牧，还可以按顺序先放牛再放羊，或牛羊混牧，牛吃高草，羊吃低草，可以大大提高草场的利用率。

此外，围栏放牧还利于普遍推行风力提水喂牲畜和灌溉草原，简便易行，造价低廉。在阿根廷农村到处可以看到这种高高竖起、转转悠悠的风车，一般是在四块牧区的中央安装一台，把水引到每个围栏的饮水槽内。

在围栏放牧的基础上，阿根廷逐步形成一套根据不同牲畜品种、类型、年龄和特点分别管理的方法，利于选种、育种、繁殖和育肥。小牛出生后随母牛一起，放进专用的围栏放牧，到 6～7 月龄时断奶。断奶后的小牛和母牛分开，称为"架子牛"，放到另一类围栏放牧。15 月龄后，送到育肥区放牧。育肥区又分普通牧场和冬季专用的人工牧场，用围栏隔开，保证牛群常年吃到足够营养的牧草，直到一岁半至二岁半时上市。这样，成本低育肥快，肉牛上市时一般体重达到 380～500 千克，牛肉鲜嫩可口。

（二）推广良种

18 世纪末，阿根廷开始大量引进欧洲良种牛，改造了早期的"野牛"，经过杂交选种，实现了良种化。阿根廷十分关心国外牛的育种动态，发现新的良种，马上设法引进，迅速推广。

根据本国的特点，阿根廷引进的主要是安格斯牛、海福特牛和短角牛。黑色无角的安格斯牛最多，占全国肉牛总数的一半以上。这些良种肉牛，有的头小个儿大，有的骨细肉多，共同的优点是生长期短，上市早；省饲料，适应性强；瘦肉多，脂肪少，肉质鲜嫩味美，营养丰富。

为了推广良种牲畜，阿根廷经常在各地牧区分门别类地举行种畜评奖会、交易会，在此基础上每年在首都举行一次独特的全国农牧业大会，总统和部长出席，外国代表应邀参加，观众云集，形成百年不衰的传统节日。各地牧场把最好的种畜送来，从中选出不同品种的"冠军"，给它们发奖授勋，披红挂彩，从欢呼的人群前走过，同时通过广播、报纸、电视、电影在全国广泛宣传。

除此以外，还有其他许多推广良种的方式。差不多每个畜种，如牛、羊、马、猪、鸡、绒丝鼠以至养兔养蜂，都有全国性协会，有的还在内陆地区设立分会。主要畜种还举行专门的节日和评奖会、交易会。各种协会多发行会刊，设立专业图书馆、资料室，举办各种讲习班、报告会，及时传播交流国内外最新的研究成果。

（三）改良牧场

阿根廷大多数地区天然牧场牧草丰茂，从 20 世纪 40 年代末也开始建立人工草地，主要是清除退化植被，采用苜蓿、三叶草等豆科牧草与饲料高粱、燕麦、黑麦以及其他各种高产禾本科牧草合理混作，也有全部种植苜蓿专供育肥的草场。全国牧草实验中心主任马达洛尼农艺师介绍说，近 30 多年来，阿根廷从国外引进良种牧草 30 种，自己试验培育成功约 30 个新品种，正在全国各地不同生态区推广。现在全国改良牧场面积达 800 多万公顷，占全国牧场总面积的 1/10。潘帕斯平原的人工牧场较多，约占其整个牧场面积的 30%～40%。

人工牧场的产草量一般比天然牧场高 30%～40%，每公顷年产干草 8 000～10 000 千克。不割草的人工草场，单位面积载畜量大大提高，每公顷可养牛 1～2 头，多的可以养 3 头，而天然牧场每公顷至多只能养 1 头。良种牧草叶量大，蛋白质含量高，抗病虫害，适口性好，牲口吃了容易消化，不会发生鼓胀病，长膘快。所以阿根廷 80% 的人工牧场主要用来育肥肉牛，牛的育肥年龄已从四岁半减少到两岁半。改良牧场出肉率高，每公顷每年可产牛肉 540 千克，比天然牧场高 3～5 倍。

改良牧场还可增加土壤肥力，特别是用豆科牧草与禾本科牧草混作，不仅保证牲口营养完全，而且每年每公顷根瘤固定氮素可达 100～200 千克。有的盐碱低洼地试验效果更好，每公顷混作牧草每年可固氮 300 千克，把瘦地变成肥美牧场。正因如此，阿根廷广泛实行农牧结合，牧草与谷物轮作，由农牧争地变成农牧相促，农牧两旺。在圣菲省北部洛斯卡拉沃内斯试验站，还在试验 100 多种亚热带牧草，它们能抗旱抗涝，产量高，每年每公顷能收干草 1 000～10 000 千克。

阿根廷实行改良牧场和围栏放牧相结合，近 20 年来平均每公顷草地产肉量增长了近 2 倍，从 70 千克提高到 200 千克，目前仍在继续加强草原建设。牧草实验站和种子公司供应各种良种牧草，农牧业部设有种子鉴定局，实行统一的牧草良种鉴定制度，鼓励各地牧场大量播种良种牧草，保证质量。

（四）因地制宜

阿根廷东西南北地理条件差别很大，而阿根廷不是只发展条件好的潘帕斯平原，而是按照不同地区的生态情况，根据科学规律，因地制宜地在全国发展畜牧业。中东部潘帕斯平原主要发展速生肉牛和要求较高的林肯羊，全国80％的肉牛和30％的羊在这里养殖，全国大部分肉牛也都集中到这里育肥。南部巴塔哥尼亚地区，干燥贫瘠，天然牧场差，主要放养适应性强的山羊、考力代羊和澳洲美利奴羊，成为绵羊主要产区。东北部炎热潮湿，主要饲养耐旱耐粗饲料的海福特牛和婆罗门瘤牛以及罗姆尼羊等。西北部多高山丘陵，气候干热，牧草生产不好，主要饲养原生西班牙牛同良种牛的杂交种牛。各生态区又分若干小生态区，例如适于发展各种牲畜养殖的潘帕斯平原，不同地带各有侧重，有的主要养肉牛，有的主要养奶牛，肉牛区有的主要用于繁殖，有的主要用于育肥，充分发挥其所长。

同时，阿根廷也很注意就地取材，开辟新的饲料来源。例如农牧业结合的地区，也利用杂粮和各种谷物副产品作饲料。查科省等产棉区利用棉籽饼、图库曼产糖区利用蔗糖渣、门多萨产酒区利用葡萄加工副产品、里奥内格罗等地利用水果加工副产品，充作育肥肉牛的好饲料。

与此相适应，阿根廷还打破省市行政界限，按自然生态区划，在全国建立了13个农牧业实验站，每站又根据当地生态条件设立分站，分站下面再设技术推广站，形成一个遍布全国的农牧业科研网络。每个地区实验站结合当地实际，侧重于某一个方面的研究，同时协调全国这一方面的研究工作。例如，单就畜牧业而言，中部巴尔卡尔塞实验站主要研究肉牛，中东部佩尔卡米诺实验站主要研究牧草，南部巴里洛切实验站主要研究绵羊，等等。各单位的研究成果都要经过检验，判断是否符合经济法则，那种虽有科学价值，但成本过高、得不偿失的研究成果概不推广，尽可能提高经济效益。

（五）产学研相结合

阿根廷农牧科学研究院（INTA）是阿根廷重要的科研机构，在农牧业科研方面具有相当的实力，兽医、兽药等技术具有国际水平。阿根廷的科研与生产、科研与教育结合得很紧密。畜产品加工业多建在产区附近，产品的品种多、质量高。牧民以合作社形式在产区办畜产品加工厂，保证畜产品的销售。

以奶业教育为例，阿根廷奶业教育体系建设别具特色。玛利亚奶业学院作为拉丁美洲唯一的奶业学院享誉盛名，该学院位于阿根廷的"奶都"——科尔多瓦省玛利亚市。"从奶业教育的源头推动阿根廷奶业发展"是该学院的办学宗旨，该学院建院 70 年，其中奶制品专业发展历史有 40 年。90% 的学生从玛利亚学院中学毕业后直接升入奶制品学院，与其他综合大学共享基础学科教育。就读 2 年可获奶业专科学历，毕业后直接成为乳品企业的技术工人；就读 4 年可获本科学历，毕业后可成为乳品企业的高级管理人员。学生从入学起，必须持续参加奶业生产实践，每周 10 小时在实习中完成，最后一年参与经营玛利亚奶业学院的乳品加工厂。至今，玛利亚奶业学院已培养出 1 200 名乳品专业人才，阿根廷乳品企业高管中有 60% 毕业于该学院。该学院完全采取公益性的办学模式，为 400 多家乳品公司提供第三方检测并服务于阿根廷乳品企业的继续教育工作，所有收入回馈学院的教育事业发展。该学院成为阿根廷奶业人才培养的摇篮，为奶业的长远发展奠定了坚实的基础。

"发展奶业从教育开始"的思想体现了阿根廷对奶业的重视和长远的发展思路，也为乳品行业的国外投资者提供了人才保障。在阿根廷的奶农中，三代人养牛是非常普遍的现象，可见其奶牛养殖历史之悠久，这也是奶业学院得以建立和发展的基础。

第五节 渔 业

一、海洋捕捞业

阿根廷拥有海岸线约 4 000 千米，渔业资源储量为 8 500 万吨/年，是世界上迄今尚未被完全开发的仅余几个海区之一。阿根廷水域包括大陆坡在内捕捞品种达 300 种左右，有效捕捞并作为产品销售的品种约 70 种。主要品种有阿根廷无须鳕、小鳞犬牙南极鱼、阿根廷鳀、阿根廷滑柔鱼和虾类。阿根廷渔业年产量在 100 万吨左右，渔业年产值约 20 亿美元，出口收入约 12 亿美元。阿根廷滑柔鱼是世界上仅次于太平洋褶柔鱼的第二大鱿鱼资源。

主要渔场有 4 个：①拉普拉塔河口和北巴塔哥尼亚大陆架、大陆坡，冬季鱼群密度最大；②南纬 40°～47°巴塔哥尼亚大陆架，密度不大，可在盛夏及早秋进行有限捕捞；③南纬 $42°\sim48°$ 巴塔哥尼亚陆坡外海，秋冬常出现高密度鱼群；④马尔维纳斯群岛周围大陆架及大陆坡，秋季出现高密度鱼群，尤其在东北和北面海区。鱼群大多集中于 $200\sim800$ 米深水层，与这些海区常出现的温跃层有很大关系。

（一）无须鳕

无须鳕以阿根廷无须鳕（Merluccius hubbsi）产量最多，该鱼种自巴西的卡布弗里乌直到南方的巴塔哥尼亚大陆架皆有分布。其成熟个体体长 $40\sim50$ 厘米，大者 90 厘米。它们季节性地洄游于拉普拉塔河口区和巴塔哥尼亚大陆架之间，最主要的渔场也在此处。多鳞无须鳕（Merluccius polylepis）也常在沿岸大陆坡及马尔维纳斯群岛周围出现，由于一般情况下不易与前者区别，故常以阿根廷无须鳕统称两种鳕鱼，多鳞无须鳕并没有作为专一鱼类进行捕捞，只是阿根廷无须鳕的副产品。

（二）澳洲蓝鳕

澳洲蓝鳕分布于巴塔哥尼亚大陆架与大陆坡，以及马尔维纳斯群岛周围及其南面的泊尔伍德浅滩。据估计，马尔维纳斯群岛周围 150 海里以内可捕捞量即占全部可捕量的 88%。马尔维纳斯群岛以北的渔场多在 200 海里范围以外，鱼群集中于 $50\sim900$ 米水层，且较集中于 $50\sim500$ 米水层，适宜盐度为 $32.6‰\sim34.2‰$，水温 $4\sim8℃$。该鱼种肉质优良，深受欧美诸国消费者欢迎，1966—1968 年曾遭到过度捕捞。其他鳕类还有麦哲伦狼鳕、突吻鳕、南方鳕等，多分布于南部海域。

（三）滑柔鱼

滑柔鱼生命史短而成长迅速，一年中即可充分成熟并产卵，产卵后即死亡，故整个种群几乎只包含单一的世代。产卵期主要在冬季，其时多数群体移向大洋水域的产卵场。其雄体平均腔长 $27\sim30$ 厘米，雌体平均腔长 $34\sim35$ 厘米。充分成熟个体最大体重达 1.8 千克。夏季产卵者仅占 1%，产卵场多在浅水区，其时最大腔长 $16\sim25$ 厘米。冬季产卵群体约在夏季 12 月开始得到补充，广泛而稀疏地分布于近岸。直到次年 2 月至 3 月群体离岸游向大陆架和大陆坡 $50\sim1\,000$ 米水层，形成较高密度的鱼群，于是渔期开始。由于该鱼种产卵后死亡，使得冬、春资源量大为减少。

（四）枪乌贼

枪乌贼自1982年开始大量捕获，阿根廷1985年捕捞量达5万吨左右，占其在西南大西洋总捕捞量的90%。主要渔场为南纬42°～48°的巴塔哥尼亚大陆架和大陆坡。该项渔业紧随滑柔鱼捕捞而发展起来，今后很可能会发展到至少与滑柔鱼同等的开发水平。

（五）对虾

对虾的开发直到20世纪80年代才开始进行，1981年产量仅2 000吨，1984年产量达2万吨。主要捕捞深水对虾，其渔获从春夏8月起至翌年3月止。主要种类有Penaeus Aztecus、Artemesia Longinaris，分布于北部海域，Hymenoponaous Mulleri分布于北部和西南部海域。

二、水产养殖业

（一）水产养殖发展历史

20世纪初，阿根廷引进了几种鲑鱼，目的是在巴塔哥尼亚湖增殖供游钓，其中虹鳟最适应当地条件并在后来成为人工养殖的种类，还形成了半工业化养殖模式。1904年，银汉鱼人工产卵在布宜诺斯艾利斯省获得成功，1940年后，每年在全国的几个水体进行放流，在温带区域甚至还有几个游钓的渔场。巴瑞洛切鲑鱼水产养殖中心建于1932年，在1990年前负责向阿根廷适合养殖该鱼种的区域供应虹鳟卵和鱼种。目前，从阿根廷北部的胡胡伊一直到南部的火地岛，条件合适的省都开展了放流活动。

20世纪60年代中期起，在总体控制和严格的商业条件下阿根廷开展了水产养殖。尽管虹鳟鱼养殖始于布宜诺斯艾利斯省，但1970年在北巴塔哥尼亚建设了养殖设施后（产量在30～100吨/年），北巴塔哥尼亚成为虹鳟鱼产量最大的区域。

20世纪80年代开始了首次细鳞肥脂鲤养殖技术的研究，20世纪90年代初人工繁殖获得成功，并首次获得增长和产量数据。该种类的养殖在池塘半精养系统中进行。目前，正在以国家水产发展中心（CENADAC）获得的经验为基础，尝试在网箱养殖。

20世纪90年代后，多数养殖活动在网箱进行，小型生产者（产量低于30吨/年）继续使用水道。1克重的鱼种被转移到同一个孵化场的属于私人或州政府的网箱中养殖，多数养殖者使用阿根廷繁育的鱼种。

农村生产者进行的小型水产养殖在米西奥内斯省开始于1970年。将土地分为只有25公顷的做法推动了这类生产。20世纪80年代后期起，养殖区域和生产者数量持续增加，超过200个。这类养殖者生产的产品在当地市场销售，种类包括草鱼、细鳞肥脂鲤和罗非鱼。

阿根廷观赏鱼类养殖具有悠久历史，伴随着阿根廷的经济情况起伏。主要养殖场位于科尔多瓦、布宜诺斯艾利斯、圣菲和科连特斯省。

（二）水产养殖开发流域

阿根廷拥有适合水产发展的有利天然条件，国内气候条件创造了4个水产流域：暖温带和亚热带、温带大陆性流域、寒带和温带山脉流域、海岸线—温带寒温带。

暖温带和亚热带：四季都非常适合饲养鲳鱼、条纹鸭嘴鲇、鲷鱼、虎脂鲤、水虎鱼、罗非鱼、马来西亚虾、短吻鳄以及多种无脊椎动物和观赏性鱼类。

温带大陆性流域：潮湿的平原及其相邻地域，更适合饲养鲟鱼。在某些情况下通过采用新技术还可以饲养不常见的虹鳟鱼或其他品种。

寒带和温带山脉流域：安第斯—巴塔哥尼亚山脉和充足的冷水供应使这一区域格外适合养殖鲑鱼，尤其是虹鳟鱼。这一广泛区域的部分地区也养殖鲟鱼。

海岸线—温带寒温带：水质优越，某几个地区具备饲养几种珍贵鱼类的能力。比如巴西牙鲆、鳊鱼以及在不借助技术外力的情况下饲养其他海洋鱼类。还可以在广阔的海域饲养鳟鱼、双壳贝类（贻贝、牡蛎、扇贝和不同的蛤类）等。

（三）水产养殖生产状况

自20世纪90年代开始，阿根廷半工业化、商业水产养殖活动开始扩大，尽管没有加快增长，但保持稳定。阿根廷主要养殖种类为虹鳟鱼，产量为

1 231吨/年（2003年），占全国水产养殖总产量的74%。

细鳞肥脂鲤的产量规模占水产养殖的第二位，该种鱼的养殖始于2000年，市场的高度需求使生产者有意进行养殖，产量由最初的70吨/年，稳定增长为活体产量300吨/年（占阿根廷养殖产量的18%）。该种鱼养殖业的发展，大幅度减少了在拉普拉塔河的捕捞量，今后还将进一步扩大该种鱼的养殖规模。

双壳软体动物占水产养殖产量的第三位。布宜诺斯艾利斯省沿岸南部养殖牡蛎，里奥内格罗、丘布特和火地岛养殖贻贝。自2000年起，双壳软体动物养殖产品进入市场，2003年销售了80吨（占水产养殖总产量的5%），近几年显示出持续的增长。

在温带到热带区域，养殖两种高商业价值的水产品种：牛蛙和淡水龙虾。在温室或控温条件下养殖。

在亚热带区域，还养殖宽吻凯门鳄，产量为5万头/年（约4～5千克/头）。肉在布宜诺斯艾利斯上市（12美元/千克），皮革在国内和国外销售。

第三章 CHAPTER 3

农产品贸易与政策 ▶▶▶

阿根廷是农产品贸易大国，对全球农产品市场具有举足轻重的影响作用。本章将分析阿根廷主要农产品的进出口状况以及中阿农业贸易的基本格局，进而结合阿根廷的相关规定，介绍阿根廷农业贸易的主要政策。

第一节　阿根廷农产品贸易发展情况

阿根廷土壤肥沃、气候温和，农牧业发展条件良好，农业现代化水平很高，被誉为"世界粮仓肉库"。阿根廷自然地理条件良好，农牧业科技化水平较高，政府鼓励农业生产及出口。

一、贸易规模

进入 21 世纪以来，阿根廷农产品贸易规模不断扩大，进出口总额由 2000年的 132.35 亿美元增至 2013 年的 440.06 亿美元，年均增长 8.96％。阿根廷农产品出口额与进口额呈现出不同的发展趋势：出口额在波动中迅速增长，从 2000 年的 117.70 亿美元增至 2013 年的 419.52 亿美元，年均增长 9.5％，其中 2009 年由于受国际金融危机及国内大豆减产影响，出口额剧烈下滑，2010年开始迅速复苏。2000—2013 年，阿根廷农产品进口总额变化不大，始终低于 30 亿美元。

阿根廷是南方共同市场（Mercado Común del Sur）的主要发起国，并早在 1967 年 10 月就加入世界贸易组织。1989 年以来，阿根廷政府在推行新经济政策时，大力发展外贸，采取了一系列改革措施，取消了对进口的限制，几次调低关税，还制定了鼓励出口的政策。这些政策主要是：第一，放宽对进口的限制，逐步取消非关税壁垒，主要运用关税作为保护措施；第二，取消所有的特别关税，并普遍调低关税税率；第三，发布非调控法令，减少政府对经济活动的干预，取消了全国谷物委员会、肉类委员会等对生产贸易调控的机构，取消在商品运输、装卸方面的调控，并改组海关，简化进出口行政管理程序和进出口手续。

政府的这些措施有力地促进了外贸，尤其是关税的多次下调大大促进了阿根廷的对外贸易。据阿根廷统计与普查局统计，1990 年外贸总额仅为 164 亿美元，2011 年外贸总额达到峰值 1 556 亿美元，是 1990 年的 9.5 倍。2012 年后，阿根廷对外贸易总额波动式变化，2018 年阿根廷货物进出口额为 1 270 亿美元，同比增长 1.4%（图 3 - 1）。

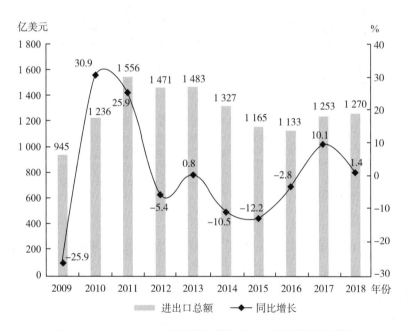

图 3 - 1　2009—2018 年阿根廷货物进出口总额及增长情况
资料来源：阿根廷统计与普查局。

阿根廷贸易结构逆差态势渐显。从 2009—2018 年阿根廷贸易进口额和出口额的情况来看，进口额和出口额的变化趋势基本保持一致，2015 年之前阿根廷贸易结构一直保持顺差，2015 年后贸易结构逐渐向逆差态势转变。2018年，阿根廷出口 615.6 亿美元，增长 5.4%；进口 654.4 亿美元，下降 2.2%；贸易逆差 38.8 亿美元，下降 54.4%。智利成为阿根廷最大的贸易顺差来源国，2018年阿根廷对智利的顺差额为23.3亿美元，增长44%。中国是阿根廷最大的贸易逆差来源国，逆差额高达78.6亿美元；其次是巴西，贸易逆差额为42.8亿美元，下降51.5%（图3-2）。

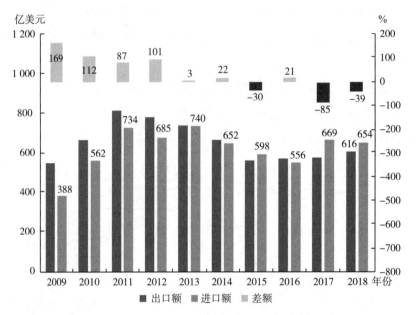

图3-2 2009—2018年阿根廷货物进出口总额及贸易逆（顺）差情况
资料来源：阿根廷统计与普查局。

二、产品结构

阿根廷的农产品进出口集中度很高且结构稳定。饼粕、谷物、植物油、油籽及畜产品是阿根廷的主要出口农产品，2009—2013年这5类产品出口额之和一直占出口总额的80%左右。其中，阿根廷饼粕出口额占农产品出口总额的比重始终排名第一；谷物的出口额所占比重不断上升，从2009年的12.56%上升到2013年的20.12%；阿根廷的植物油和油籽的出口额之和所占比重持续下降，从2009年的31.35%下降到2013年的23.48%。从细分品种来看，炼油所得的油渣饼、大豆、豆油、玉米和小麦是阿根廷最重要的出口产品。阿根廷的主要进口农产品分别为其他农产品、饮品类、水果、畜产品和水产品。2009—2013年，阿根廷进口产品集中度不断提高，上述5类产品进口额之和占进口总额的比重从2009年的62.17%提升到2013年的79.98%。

三、市场分布

（一）总体情况

根据阿根廷统计与普查局数据，2019 年，阿根廷货物进出口总额为 1 141.59 亿美元，比上年同期（下同）下降 10.11％。其中，出口为 650.34 亿美元，增长 5.64％；进口为 491.25 亿美元，下降 24.93％；贸易顺差为 159.09 亿美元，对比上年同期 38.82 亿美元逆差，贸易平衡由负转正（表 3-1，图 3-3）。

表 3-1 阿根廷货物进出口情况

	2016 年	2017 年	2018 年		2019 年	
	金额 （亿美元）	金额 （亿美元）	金额 （亿美元）	同比增长 （％）	金额 （亿美元）	同比增长 （％）
进出口总额	1 137.9	1 252.83	1 270	1.37	1 141.59	−10.11
出口总额	578.79	583.84	615.59	5.44	650.34	5.64
进口总额	559.11	668.99	654.41	−2.18	491.25	−24.93
贸易差额	19.68	−85.15	−38.82	−54.41	159.09	／

资料来源：阿根廷统计与普查局。

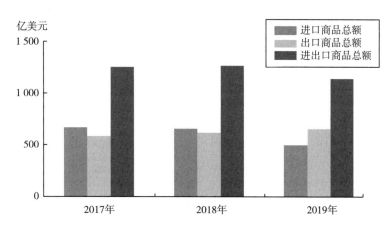

图 3-3 2017—2019 年阿根廷年度货物进出口贸易总额

（二）货物贸易平衡情况

巴西为阿根廷第一大出口市场，2018 年阿根廷对巴西出口 112.9 亿美元，增长 21.3%，占阿根廷出口总额的 18.3%；中国、美国分别位居阿根廷的第二和第三大出口市场，2018 年阿根廷对两国分别出口 42.1 亿美元和 41.8 亿美元，分别下降 2.6% 和 5.6%，两国合计占阿根廷出口市场的 13.6%。此外，受地缘政治等因素影响，阿根廷对美国、加拿大等地区出口额减少，对巴西、智利两个地理位置更近的国家出口额显著上升（图 3-4）。

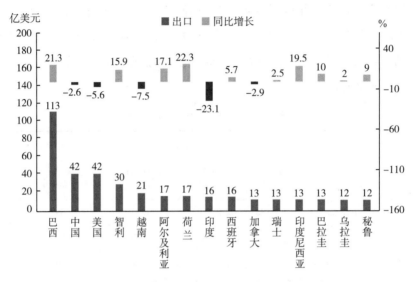

图 3-4　2018 年阿根廷货物贸易出口额排前 15 的国家和地区
资料来源：阿根廷统计与普查局。

阿根廷的货物贸易逆差主要来源于中国、美国、德国、玻利维亚、巴拉圭、泰国、法国、墨西哥、日本、瑞典等国家；货物贸易顺差则来源于智利、越南、阿尔及利亚、秘鲁、荷兰、印度、印度尼西亚、瑞士、沙特阿拉伯、埃及等国家（图 3-5、表 3-2、表 3-3）。

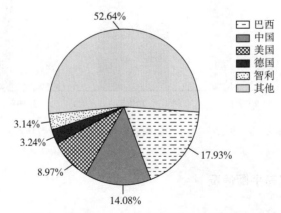

图 3-5　2019 年阿根廷货物进出口市场份额

表 3-2　阿根廷货物贸易逆差情况

排序	国家（地区）	2017 年（亿美元）	2018 年（亿美元）	2018 年比 2017 年增长（%）	2019 年（亿美元）	2019 年比 2018 年增长（%）
	贸易平衡情况	-85.15	-38.82	-54.41	159.09	-509.81
1	中国	-51.29	-78.62	53.29	-24.45	-68.90
2	美国	-49.46	-34.76	-29.72	-21.90	-37.00
3	德国	-18.03	-22.98	27.45	-18.27	-20.50
4	玻利维亚	-6.43	-7.98	24.11	-7.53	-5.64
5	巴拉圭	0.44	-9.22	-2 195.45	-6.30	-31.67
6	泰国	-5.46	-7.93	45.24	-5.84	-26.36
7	法国	-6.60	-7.04	6.67	-5.38	-23.58
8	墨西哥	-10.94	-11.42	4.39	-4.58	-59.89
9	日本	-1.21	-5.98	394.21	-4.42	-26.09
10	瑞典	-2.72	-1.95	-28.31	-2.64	35.38
	小计	-151.70	-187.88	23.85	-101.31	-46.08

资料来源：阿根廷统计与普查局。

表 3-3　阿根廷货物贸易顺差情况

排序	国家（地区）	2017 年（亿美元）	2018 年（亿美元）	2018 年比 2017 年增长（%）	2019 年（亿美元）	2019 年比 2018 年增长（%）
	贸易平衡情况	-85.15	-38.82	-54.41	159.09	-509.81
1	智利	16.16	23.27	44.00	25.07	7.74
2	越南	17.91	14.64	-18.26	21.47	46.65
3	阿尔及利亚	14.54	16.36	12.52	14.60	-10.76
4	秘鲁	9.12	9.81	7.57	14.58	48.62
5	荷兰	4.18	11.71	180.14	13.59	16.05
6	印度	13.96	7.12	-49.00	13.48	89.33
7	印度尼西亚	7.90	9.37	18.61	13.30	41.94
8	瑞士	6.07	7.13	17.46	12.86	80.36
9	沙特阿拉伯	6.27	7.28	16.11	8.93	22.66
10	埃及	12.26	9.06	-26.10	8.56	-5.52
	小计	108.37	115.75	6.81	146.44	26.51

资料来源：阿根廷统计与普查局。

（三）主要出口市场分布情况

2019 年，阿根廷的出口目的地遍布全球 186 个国家和地区。前 10 大出口市场分别是：巴西、中国、美国、智利、越南、印度、荷兰、瑞士、印度尼西亚、秘鲁，合计出口额为 359.25 亿美元，增长 12.73%，占阿根廷出口总额的 55.24%。中国为阿根廷第二大出口市场，出口额为 68.14 亿美元，增长 61.82%，占阿根廷出口总额的 10.48%（表 3-4）。

表 3-4　阿根廷十大出口市场贸易统计表

排序	出口目的地	出口额（亿美元）			占比（%）			2019 年比 2018 年 增长（%）
		2017 年	2018 年	2019 年	2017 年	2018 年	2019 年	
	世界	583.84	615.59	650.34	100.00	100.00	100.00	5.64
1	巴西	93.07	112.91	103.72	15.94	18.34	15.95	-8.14
2	中国	43.25	42.11	68.14	7.41	6.84	10.48	61.82
3	美国	44.30	41.82	40.27	7.59	6.79	6.19	-3.71
4	智利	26.21	30.37	30.44	4.49	4.93	4.68	0.24
5	越南	22.72	21.01	28.06	3.89	3.41	4.31	33.55
6	印度	20.81	16.00	21.57	3.56	2.60	3.32	34.79
7	荷兰	13.92	17.02	18.06	2.38	2.76	2.78	6.13
8	瑞士	12.61	12.93	16.90	2.16	2.10	2.60	30.71
9	印度尼西亚	10.73	12.83	16.23	1.84	2.08	2.49	26.51
10	秘鲁	10.73	11.70	15.87	1.84	1.90	2.44	35.66
	小计	298.35	318.69	359.25	51.10	51.77	55.24	12.73

数据来源：阿根廷统计与普查局。

（四）主要出口商品结构

2019 年，阿根廷出口的前 20 类（按 4 位 HS 码分类）商品出口额为 329 亿美元，增长 14.37%，约占阿根廷出口总额的 50.59%。排在前 5 位的产品分别是：提炼豆油所得的油渣饼及其他固体残渣、玉米、大豆、货运机动车辆、豆油及其分离品，分别占阿根廷出口总额的 8.9%、8.48%、5.02%、4.75%、4.22%（表 3-5）。

表 3-5 阿根廷前 20 类出口商品统计表

排序	HS 码	商品名称	出口额（亿美元）			占比（%）			2019 年比 2018 年增长（%）
			2017 年	2018 年	2019 年	2017 年	2018 年	2019 年	
1	2304	提炼豆油所得的油渣饼及其他固体残渣	90.82	63.78	57.89	15.55	10.36	8.90	−9.24
2	1005	玉米	38.84	38.71	55.13	6.65	6.29	8.48	42.40
3	1201	大豆，不论是否破碎	27.32	13.24	32.65	4.68	2.15	5.02	146.66
4	8704	货运机动车辆	32.87	33.97	30.88	5.63	5.52	4.75	−9.11
5	1507	豆油及其分离品	37.26	25.44	27.45	6.38	4.13	4.22	7.91
6	0202	冻牛肉	6.36	11.78	22.88	1.09	1.91	3.52	94.22
7	1001	小麦及混合麦	23.62	22.99	19.74	4.05	3.73	3.04	−14.14
8	7108	金，未锻造、半制成或粉末状	22.60	16.78	16.89	3.87	2.73	2.60	0.66
9	0306	活、鲜、冷、冻、干、盐腌渍的甲壳动物等	12.22	12.60	9.93	2.09	2.05	1.53	−21.17
10	2204	鲜葡萄酿造的酒；2009 以外的酿酒葡萄汁	8.07	7.94	7.63	1.38	1.29	1.17	−3.92
11	0201	鲜、冷牛肉	6.60	7.33	7.57	1.13	1.19	1.16	3.24
12	2709	石油原油及从沥青矿物提取的原油	5.75	6.52	7.35	0.99	1.06	1.13	12.68
13	3826	生物柴油及其混合物，不含或含有以重量计少于 70% 石油或从沥青矿物提取的油	12.24	8.01	6.52	2.10	1.30	1.00	−18.54
14	9701	手绘画；拼贴画及类似装饰板，4906 图纸除外	0.06	0.28	4.44	0.01	0.05	0.68	1 495.06
15	2711	石油气及其他烃类气	4.05	2.42	4.10	0.69	0.39	0.63	69.22
16	1202	未焙炒或未烹煮的花生，不论是否去壳或破碎	2.38	1.28	4.01	0.41	0.21	0.62	212.32
17	0713	脱荚的干豆，不论是否去皮或分瓣	5.24	3.82	3.93	0.90	0.62	0.60	2.78
18	4104	经鞣制的不带毛牛皮、马皮及其坯革	5.40	4.06	3.71	0.92	0.66	0.57	−8.55
19	0207	0105 所列家禽的鲜、冷、冻肉及食用杂碎	2.85	2.25	3.19	0.49	0.37	0.49	41.42

（续）

排序	HS 码	商品名称	出口额（亿美元）			占比（%）			2019 年比 2018 年增长（%）
			2017 年	2018 年	2019 年	2017 年	2018 年	2019 年	
20	8708	8701 至 8705 所列机动车辆的零件、附件	7.92	4.45	3.11	1.36	0.72	0.48	−30.00
		小计	352.47	287.65	329.00	60.37	46.73	50.59	14.37

资料来源：阿根廷统计与普查局。

（五）主要进口来源地分布情况

2019 年，阿根廷的进口来源地遍布全球 189 个国家和地区，前 10 个进口来源国分别是：巴西、中国、美国、德国、巴拉圭、玻利维亚、泰国、意大利、墨西哥、西班牙，进口额合计为 357.64 亿美元，下降 26.21%，占阿根廷进口总额的 72.8%。中国为阿根廷第二大进口来源国，进口额为 92.59 亿美元，下降 23.31%，占阿根廷进口总额的 18.85%（表 3-6）。

表 3-6 阿根廷十大进口来源地贸易统计表

排序	进口来源地	进口额（亿美元）			占比（%）			2019 年比 2018 年增长（%）
		2017 年	2018 年	2019 年	2017 年	2018 年	2019 年	
	世界	668.99	654.41	491.25	100.00	100.00	100.00	−24.93
1	巴西	181.40	155.04	100.94	27.12	23.69	20.55	−35.18
2	中国	94.54	120.12	92.59	14.13	18.36	18.85	−23.31
3	美国	93.76	75.87	62.17	14.02	11.59	12.66	−18.82
4	德国	29.68	32.94	27.66	4.44	5.03	5.63	−17.43
5	巴拉圭	10.95	21.19	16.47	1.64	3.24	3.35	−24.30
6	玻利维亚	12.55	13.91	13.69	1.88	2.12	2.79	−5.03
7	泰国	10.72	12.97	11.84	1.60	1.98	2.41	−10.83
8	意大利	15.21	15.05	11.26	2.27	2.30	2.29	−27.73
9	墨西哥	17.40	18.31	11.25	2.60	2.80	2.29	−40.05
10	西班牙	14.63	13.81	9.77	2.19	2.11	1.99	−31.70
	小计	480.85	479.22	357.64	71.88	73.23	72.80	−26.21

资料来源：阿根廷统计与普查局。

（六）主要进口商品结构

2019 年，阿根廷进口的前 20 类（按 4 位 HS 码分类）商品的进口额为

192.99 亿美元，下降 30.1％，约占阿根廷进口总额的 39.27％。其中，排在前 5 位的产品分别是：载人机动车辆、机动车辆零附件、石油制品、数据通信设备、石油气，它们分别占阿根廷进口总额的 4.81％、4.16％、3.79％、3.49％和 3.46％（表 3-7）。

表 3-7 阿根廷前 20 类进口商品统计

排序	HS 码	商品名称	进口额（亿美元）			占进口比重（%）			2019 年比 2018 年增长（%）
			2017 年	2018 年	2019 年	2017 年	2018 年	2019 年	
1	8703	主要载人的机动车辆（8702 的车辆除外）	62.99	52.76	23.64	9.41	8.06	4.81	-55.20
2	8708	8701 至 8705 所列机动车辆的零件、附件	28.35	28.51	20.43	4.24	4.36	4.16	-28.37
3	2710	石油及从沥青矿物提取的油类及其制品；废油	20.34	28.09	18.62	3.04	4.29	3.79	-33.70
4	8517	电话机，发送或接收声音、图像等数据用的设备	24.05	21.11	17.17	3.60	3.23	3.49	-18.65
5	2711	石油气及其他烃类气	22.38	24.54	17.00	3.35	3.75	3.46	-30.72
6	1201	大豆，不论是否破碎	7.01	25.06	16.06	1.05	3.83	3.27	-35.91
7	3004	由混合或非混合产品构成的药品，已配定剂量	12.92	12.78	11.04	1.93	1.95	2.25	-13.65
8	3002	人血；医用动物血制品；抗血清、疫苗等	9.12	9.26	8.25	1.36	1.41	1.68	-10.91
9	8503	专用于或主要用于 8501 或 8502 机器的零件	12.43	6.57	7.64	1.86	1.00	1.55	16.19
10	3808	杀虫、菌及除草制剂、抗萌剂、消毒剂等产品	7.34	6.35	6.85	1.10	0.97	1.39	7.84
11	8471	自动数据处理设备及其部件等	11.35	7.39	6.73	1.70	1.13	1.37	-8.94
12	3105	含氮、磷、钾中 2 种或 3 种的矿物肥或化肥等	4.52	5.96	5.47	0.68	0.91	1.11	-8.25
13	8704	货运机动车辆	20.69	13.38	4.74	3.09	2.04	0.97	-64.56

（续）

排序	HS 码	商品名称	进口额（亿美元）			占进口比重（%）			2019 年比 2018 年
			2017 年	2018 年	2019 年	2017 年	2018 年	2019 年	增长（%）
14	3102	矿物氮肥及化学氮肥	2.25	4.35	4.43	0.34	0.66	0.9	1.89
15	3901	初级形状的乙烯聚合物	4.82	4.44	4.29	0.72	0.68	0.87	−3.24
16	8544	绝缘电线、电缆及其他绝缘电导体；光缆	4.57	5.25	4.23	0.68	0.80	0.86	−19.44
17	2601	铁矿砂及其精矿，包括焙烧黄铁矿	4.75	6.10	4.20	0.71	0.93	0.86	−31.13
18	8408	压燃式活塞内燃发动机（柴油发动机）	5.79	6.44	4.14	0.87	0.98	0.84	−35.61
19	2931	其他有机—无机化合物	3.83	3.55	4.05	0.57	0.54	0.82	14.09
20	8481	水龙头、旋塞、阀门及类似品	3.53	4.22	4.02	0.53	0.64	0.82	−4.65
		小计	273.03	276.11	193.00	40.83	42.16	39.27	−30.10

资料来源：阿根廷统计与普查局。

第二节　中国与阿根廷的农产品贸易情况

阿根廷位于南美洲南部，面积次于巴西，是拉丁美洲第二大国。基于 20 世纪上半叶建立的食品与纺织工业，阿根廷已经形成了门类较齐全的工业体系。产值领先的行业为食品饮料加工业、机动车及其零配件制造业、炼油与生物柴油行业、化学与医药工业、炼钢与炼铝业、工农业机械制造业以及电子元器件与家用电器制造业。从地理位置分布来看，中国与阿根廷距离相对较远。

一、中国与阿根廷的贸易历史

1972 年 2 月 19 日，中国与阿根廷（以下简称"中阿"）建交。中阿建交以来，经济往来不断增多，合作不断深化。面对世界经济政治局势的变幻，同为发展中大国，中阿之间合作的重要性愈发凸显。阿根廷统计与普查局公布的数据显示，2018 年阿根廷与中国双边货物进出口额为 162.8 亿美元，增长

18.2%；2019 年双边贸易额为 160.73 亿美元。目前，中国是阿根廷第二大贸易伙伴和重要外资来源国，经贸关系发展势头良好，在"一带一路"倡议下开展合作的前景广阔。

阿根廷统计与普查局公布的数据显示，2013—2018 年中阿双边贸易额一直在 150 亿美元左右徘徊，其中 2016 年中阿双边贸易下滑最为显著，而后随着阿根廷经济的复苏以及美国贸易保护主义苗头渐渐显露，阿根廷开始转向欧洲和亚洲市场，中阿双边贸易市场回暖。2018 年中阿双边货物进出口额为 162.8 亿美元，增长 18.2%；2019 年双边贸易额为 160.73 亿美元（图 3-6）。

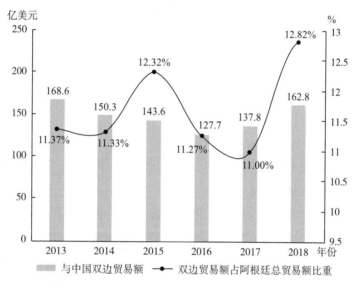

图 3-6 2013—2018 年中阿双边贸易额变化情况
资料来源：阿根廷统计与普查局。

二、中阿贸易近况

在世界经济一体化过程中，各国均在寻求可合作的伙伴促进共同发展。近年来，阿根廷和中国在农产品贸易领域就一直保持较快增长态势。阿根廷是中国在南美洲的重要贸易伙伴，也是中国农产品进口的重要来源国。中国从阿根廷进口大量农产品，而对阿根廷出口数额很小，处于显著贸易逆差地位。2000 年以来，中国成为阿根廷最大的农产品出口目的地，中国从阿根廷进口的农产品数额快速增长，成为仅次于巴西、美国、智利的阿根廷第四大出口市场，阿根廷为仅次于美国、巴西和澳大利亚的中国第四大农产品进口来源国。2011

年中国从阿根廷进口的农产品占中国农产品进口总额的 5.7%，中国从阿根廷进口的产品比较集中，主要是油料、植物油、畜产品、谷物和水产品，2011年这 5 类产品进口额合计占中国从阿根廷进口农产品总额的 95.6%，其中油料（主要是大豆）所占比重最大，为 80.3%。还有皮革制品、饲料和肉类食品等。豆油一度是我国自阿根廷进口的最大宗商品，年进口量超过 10 亿美元。

中国对阿根廷出口农产品较少，主要是蔬菜、饮品类、畜产品、糖料及糖、水产品，2011 年这 5 类产品出口额合计占中国向阿根廷出口农产品总额的 59.7%，其中蔬菜所占比重最大，为 41.9%。中国已经有一些农药产品出口到拉丁美洲国家，而且他们所需要的其他农药产品的大部分在中国均有大量生产。双方政府部门和企业之间近几年开始建立联系渠道，农药贸易量逐年增加。除草剂是阿根廷使用最多的农药品种，占农药使用量的 52%，主要在咖啡、水稻、番茄和玉米上使用，对来自中国的草甘膦、百草枯需求较旺。

阿根廷是世界第一大豆粕和豆油出口国，每年出口豆粕约 3 000 万吨，2018 年豆粕出口额达 91.97 亿美元。而中国目前每年消耗的豆粕量达 7 000 万吨左右。自 1999 年后，中国豆粕进口始终未大规模放开，仅从印度、巴基斯坦及其他亚洲国家购买少量豆粕。

中阿双方 2019 年 9 月 10 日在北京签署了《中华人民共和国海关总署与阿根廷共和国农牧渔业部关于阿根廷豆粕输华卫生与植物卫生要求议定书》，这项协议把最大豆粕出口国和最大豆粕消费国直接连接在一起。中国在 2019 年 9 月初开放了俄罗斯甜菜粕、大豆粕、油菜籽粕进口，后对阿根廷豆粕打开市场，在当前贸易争端的复杂背景下，进一步保障了中国饲料来源的多样性。同时，中国近年来不断向阿根廷开放市场，阿根廷樱桃、蓝莓、葡萄、冰鲜和带骨牛肉、羊肉、马匹、蜂蜜、猪肉陆续实现对华出口，这不仅使中国民众享受到更多更好的产品，也有力促进了阿根廷农业生产和出口贸易，增加了阿根廷就业，实现了互利双赢。

第三节　阿根廷农业贸易相关政策

一、阿根廷农业贸易政策发展变化

阿根廷的农业政策是外向型的，即积极投身世界农业市场的竞争中，而它所制定的农业政策主要是为了提高本国的农业竞争力。阿根廷农业政策主要是"松绑减负"和创造良好的外部环境。1991年以前,阿根廷政府拥有名目繁多的税种,税种的繁复加重了农民的生产负担,1991年开始,阿根廷采取统一税收原则,对农牧民和农户征税,不单独设立其他税种和征税机构,同时实行对农牧业轻税原则的税收政策,减少了一系列税种,如对农牧业出口产品实行上游环节全额退税政策,只对90%的农户收取个人所得税,对农业营业税按最低1%的税率执行征税。税收减少以及正规化有效地减少了农民的生产费用。此外,对于口岸政策也进行了大幅度调整,降低和取消了各种类型的出口税和检查费用,间接减少了农业生产成本,降低了农产品价格,有利于阿根廷农产品国际竞争力的提升。

(一)1991年前的农业政策

阿根廷在20世纪30年代大萧条期间制定了一种谷物支持价格制度,连同当时出口谷物时的有利汇价,使阿根廷在历史上谷物和油料作物的种植面积得到了最大的扩展。

1945—1955年,阿根廷建立了国外贸易促进协会(IAPA)以控制国家贸易。农产品的价格由政府决定,个人贸易者降级为政府的代理人,政府控制了食品和农业投入的进口。

1955年阿根廷政府废止了IAPA,增加了个人的经济权力,政府建立了国家谷物局(JNG)。1956年以来,国家谷物局是一个负责管理政府在谷物和油料贸易中各种计划的主要机构;谷物和油料的国际贸易回到了个人领域。1959年政府对主要谷物逐渐取消控制,小麦是最后取消控制的谷物。政府维持控制国有化的出口设施,在1963年批准个人建设港口终端。

1973—1979年,国家谷物局开始执行曾为IAPA所管理的计划,成为小麦、玉米、高粱和葵花籽的唯一贸易者。

1976年,阿根廷政府取消了国内价格控制,农业上市回到个人手中。1977年,价格支持机制被一种在国际和国内价格之间的固定购销差价方案所取代。1979年,政府批准个人投资建设出口设施和租借国有储藏设施,免除了出口税。国家谷物局继续管理谷物和油料的商品价格支持,经营国有的储藏设施包括港口终端,征收出口税和专用抽税;颁发出口许可证和在需要时设定出口份额;国家谷物局承担进行双边谷物协议谈判的责任。

1991 年 11 月，卡洛斯·梅纳姆总统发布命令，撤销了近 60 年代表政府参与粮食生产与市场管理、垄断进出口贸易的国家谷物局。国家谷物局过去的许多功能如统计工作、监控个人谷物检测工作和出口注册等服务功能移交给农业秘书处。2001 年后期，采取了新的改革措施，其中两项对农业领域有直接影响：①新的汇率制度，使比索有效地贬值，使出口货物价格相对便宜，增加了农民的利润；②重新引用出口税，1991 年以前，阿根廷政府拥有名目繁多的税种，涉农的税种包括所得税、增值税、不动产税、营业税和定额税。税种的繁复加重了农民的生产负担，严重阻碍农民生产积极性，不利于阿根廷农业发展进步。

（二）1991 年后的 "松绑减负" 政策

1991 年开始，阿根廷采取统一税收原则对农牧民和农户征税，不单独设立其他税种和征税机构，同时实行对农牧业轻税原则的税收政策，减少了一系列税种，如对农牧业出口产品实行上游环节全额退税政策，只对 90% 的农户收取个人所得税，对农业营业税按最低 1% 的税率执行征税等。2015 年马克里总统上任以来，取消了 23% 的小麦出口关税，并削减大豆、豆粕和豆油出口关税，鼓励农产品出口，并积极开拓新市场。税收减少以及正规化有效地减少了农民的生产费用，使得数年来一直低迷不振的农业投资再度呈现增长态势，从新型拖拉机到港口设施，再到全国牛肉行业，阿根廷农业投资呈现复苏景象，农作物及肉类出口利润改善。

此外，对于口岸政策也进行了大幅度调整，降低和取消了各种类型的出口税和检查费用，间接减少了农业生产成本，降低了农产品价格，有利于农产品国际竞争力的提升。

（三）新时期贸易政策

从 20 世纪 90 年代初开始，阿根廷进行了贸易政策的调整和改革，实行贸易自由化政策。采取的主要政策措施有对外措施和对内措施两个方面。对外方面，大力加强与美国的经贸关系，促进对美国的出口；利用与欧洲的传统友好关系加强双方的经贸往来；大力推进南方共同市场的建设；努力实现出口市场多元化，积极拓展与亚太地区的经贸关系。对内方面，主要是大幅度降低进口关税和吸引外资。

阿根廷政府在国际组织中积极致力于进一步减少影响农产品贸易的限制，并在 WTO 中建议加速削减关税和补贴。其采取的改革口岸政策从各个方面对农业发展提供了支持。首先，取消或降低出口税和各种检查费用。此措施降低了农产品出口成本，一方面给阿根廷提供了更大的农产品出口价格空间来应对国际竞争，另一方面直接提高了生产者和贸易商的收益。此外，取消或降低农业生产资料进口关税和进口限额，也直接降低了农产品生产成本。

2008 年 3 月，阿根廷对部分农产品出口税进行了调整，并实行浮动税率。政府一方面希望借此增加税收收入，加大政府对公共产品的补贴力度，遏制通货膨胀；另一方面则希望以此抑制大豆种植面积，改变大豆生产在农业中所占比重越来越高的格局。但这引起了阿根廷主要农业团体的强烈反对，并爆发了全国农业生产者大罢工。此外，阿根廷对农产品出口实施浮动税率后，农民出口谷物的盈利大幅缩水，生产和出口的积极性都大大下降，导致农产品出口受到影响。

二、阿根廷农业贸易政策拓展

阿根廷政府积极致力于通过国际谈判，为本国创造良好的外部环境，促使国际农产品市场更趋自由化。阿根廷农业生产和贸易直接面对国际市场，因此阿根廷政府十分重视对国际市场的开拓，目前由于亚洲市场非常广阔，阿根廷政府将其作为一个重要的"进攻"方向。阿根廷政府还与各国政府开展积极有效的贸易谈判，建议各国减少乃至取消贸易壁垒，推行自由的国际贸易政策。

（一）重视同各国之间合作

阿根廷政府在国际组织间，积极通过各种谈判，使本国农产品和畜产品可以在出口的过程中，最低限度地受到外国政策消极影响。为了避免贸易壁垒对本国农产品的限制，为本国农业增长创造良好的外部环境，阿根廷政府积极与南方共同市场、美洲自由贸易区以及其他国家开展卓有成效的会谈，当地政府甚至将政府间的经贸谈判专门交给外交部管理，并将其看作是一项重点工作。在口岸政策上，政府不是取消就是降低出口税，这样大大降低了农产品出口成本。农民生产成本降低不仅使本国农产品在国际上更具有竞争力，还为提高本国百姓的生产积极性创造了条件。

（二）重视物流运输体系构建

鉴于运输系统在影响阿根廷农产品出口中的重要作用，阿根廷政府将本国的运输系统作为一项重点工作来抓，加强基础设施建设，改善运输系统，对河道进行疏通，创造条件让大吨位越洋货船能够直接到达内河，以期减少物流成本，增强农产品国际竞争力。阿根廷政府十分重视对外资的引进利用，对于外资的引进几乎没有任何限制。为了保障本国农民在生产过程中可以真正地获得国家支持，阿根廷政府还通过不断的定期培训，积极创造条件为农业产业化发展提供各种服务。

（三）关税

阿根廷进口关税分为普通关税和特别关税，特别关税主要适用于南方共同市场自由贸易区成员国的进口商品。为满足市场需求，减轻通货膨胀压力，2008年阿根廷根据国际市场价格变化对农产品实行出口浮动税率。多边方面，阿根廷是WTO的创始成员之一，对所有WTO成员给予最惠国待遇。双边方面，自1995年1月，南方共同市场成员实施共同对外关税政策，自2000年1月起，除汽车和食糖外，其他所有产品均实现南方共同市场成员内部流动零关税。

第四章 CHAPTER 4
阿根廷农产品价格变化 ▶▶▶

农产品的价格不仅反映着农产品的供求关系，还与国内外的经济周期，市场变化等因素密切相关，通过研究农产品的价格走势能很好地反映阿根廷国内农业发展的大趋势。另外，研究农业产品价格少不了对该国农业的经济政策的探索和发掘，通过对产品价格的走势分析能从政策层面上对阿根廷政府采取的实际措施有更具体和直观的认识。

一、阿根廷农业产值比较分析

阿根廷国内生产总值（GDP）自 2003 年开始持续增长，到 2017 年达到顶峰，为 6 426.96 亿美元。当然，这种增长不完全是阿根廷国内生产和制造业变得更有竞争力和效率，而是由于阿根廷货币（比索）的贬值和国际商品价格的上涨。2018 年阿根廷再次出现金融危机，使得阿根廷的 GDP 出现了负增长。2019 年阿根廷 GDP 为 4 496.63 亿美元，同比下降 2.16%，比 2018 年减少了 702.08 亿美元，与 2010 年 GDP 数据相比，近十年 GDP 增长了 260.36 亿美元（图 4 - 1）。

伴随着国内阿根廷政府的贸易限制政策和动荡的国际经济市场，阿根廷农产品市场也在经历着一定程度的转变。以大豆种植为例，在过去的十几年里，农业生产者由于面临着来自气候变化、不利的全球市场环境和较高的出口关税等因素，利润降低，导致很多农业生产者和大农场生产粮食的积极性降低，越来越多的生产能力转移到大豆种植中，同时大豆产品的国际商品价格上涨，也是生产者维持一定量大豆生产、忽略出口税的另一个原因。2019 年阿根廷农业增加值占 GDP 的比重为 7.20%，比 2018 年增长了 1.10%；与 2010 年农业增加值占 GDP 的比重数据相比，近十年农业增加值占 GDP 的比重数据增长了 0.07%（图 4 - 2）。

图 4 - 1　2010—2019 年阿根廷的国内生产总值（GDP）

资料来源：世界银行。

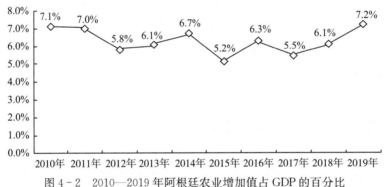

图 4 - 2　2010—2019 年阿根廷农业增加值占 GDP 的百分比

资料来源：世界银行。

原材料价格指数（IPMP）代表阿根廷出口约 50% 的原材料国际价格的演变，IPMP 是通过综合分析阿根廷农产品（玉米、小麦、大豆、豆饼、大豆油、大麦、牛肉），石油（粗制）和金属（黄金、铜、原铝和钢）的价格，按其在出口总额中所占的份额进行加权计算得来。表 4 - 1 是阿根廷 2019 年 9 月原材料价格指数（IPMP）。

表 4 - 1　阿根廷 2019 年 9 月原材料价格指数（IPMP）

单位：%

农产品 （84.3）	大豆 （10.7）	大豆粒 （27.1）	豆油 （10.5）	玉米 （17.3）	小麦 （7.8）	大麦 （2.3）	肉 （8.6）
金属（10.7）	黄金（6.8）	铜（1.0）	原铝（2.1）	钢铁产品（0.8）			
石油（4.8）							

注：IPMP 是根据前一天美国、欧洲和亚洲原材料市场的现行价格制定和发布的。

资料来源：阿根廷国家统计与普查局。

如图 4-3 所示，IPMP 随着农产品、石油和金属的 IPMP 值的变化而呈相同的变化趋势，在 2008 年 IPMP 值达到峰值。尽管阿根廷总体 IPMP 值在近20 年波动非常大，但农产品 IPMP 值在近十年维持在一个相对稳定的范围。具体来看，大豆作为阿根廷主要的出口农产品价格波动受国家政策和世界经济的影响比较大（表 4-2）。

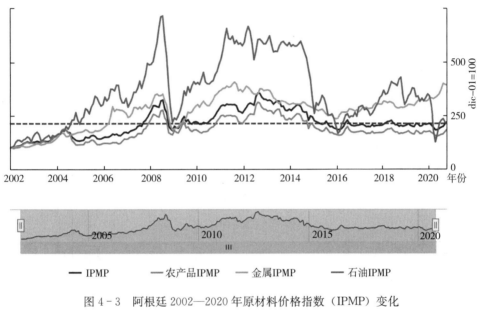

图 4-3 阿根廷 2002—2020 年原材料价格指数（IPMP）变化
数据来源：阿根廷国家统计与普查局。

二、阿根廷主要农产品价格变化

对阿根廷的农民来说，农产品贸易是主要的经济活动之一，因为它不仅迎合了阿根廷国内的需求，而且剩余的商品也被出口。阿根廷的陆地面积约为278 万平方千米，拥有 3 750 万公顷的农作物，主要农作物有：大豆、小麦、玉米、向日葵、高粱和大麦，农产品价格的变化主要受到国内政策和国际市场波动影响。

（一）大豆及其衍生品

阿根廷是豆粕和豆油的主要出口国，世界第三大豆出口国，世界第三大豆和豆粕生产国。在世界油籽市场中，阿根廷的产量占总产量的 18%。在对外

表 4 - 2 阿根廷 2001—2019 年 5 月不同产品原材料价格指数（IPMP）变化

单位：%

产品	2001年	2002年	2003年	2004年	2005年	2006年	2007年	2008年	2009年	2010年	2011年	2012年	2013年	2014年	2015年	2016年	2017年	2018年	2019年5月
大豆	11.7	10.2	13.6	11.6	13.6	10	14.7	15.9	7.3	16.9	14.9	9.2	12.2	12.6	15.7	11.1	9.7	5.1	6.7
大豆油	10	12.3	15.4	15.7	13.5	15.7	19	17.1	14.4	14	14.2	12.5	12.3	11.7	14.1	14.2	13.3	10.6	10.7
豆饼	22.7	23.5	24.2	24.1	22.7	24.5	24.7	24.9	35.6	27.8	27.3	28.6	32	39.8	35.6	34.5	32.4	32.8	30
玉米	9.2	8.3	9	7.8	8.1	6.8	9.4	11.9	6.6	10.4	12.1	13.7	16.7	11.2	11.3	14.3	13.7	15	16.3
小麦	12.3	10	7	9.1	7.7	8.3	8.7	8.9	4.4	3.1	6.9	8.6	2.9	2	3.7	6.4	8.4	8.9	9.1
肉	1.1	3.2	3.4	5.5	7	6.3	5.2	4.8	6.8	3.6	3.3	2.9	3	3.5	3.2	3.6	4.6	7	7.5
大麦	0.3	0.2	0.1	0.2	0.3	0.4	0.4	0.9	0.8	0.4	1.6	2.4	2.7	2.1	1.3	2.1	1.6	2.1	2.3
原油	22.4	20.4	17	15.1	15	13.5	5.6	5.7	10.9	8.8	6.2	7.6	6.9	5.4	2.5	2.6	3.1	5.4	5.2
铝	2.6	2.7	2.3	1.9	2	2	1.8	2.3	2.1	2	1.9	1.6	1.7	1.7	1.6	1.8	2.4	2.8	2.4
钢	3.5	4.2	3.7	3.1	3.2	2	1.6	1.3	1.5	1.2	0.9	1.1	1	0.8	0.5	0.4	0.4	0.9	0.9
铜	3.3	4	3.5	4.8	6	7.5	6.4	3.9	5	5.1	4.1	5.3	3.1	3.1	2.3	2.2	2.2	1.5	1.5
黄金	0.9	1	0.8	0.9	0.9	3.1	2.4	2.4	4.6	6.8	6.6	6.5	5.5	6.1	8.3	7.1	8.1	8	7.3
占出口总额的比例	39.8	42.6	45.1	43.3	41.3	38.2	41.5	40.9	40.6	43.2	42.3	43	43.9	43.5	47.8	50	47.8	45.5	46.3

资料来源：阿根廷国家统计与普查局。

贸易中,受经济危机的影响,国际市场的投机因素造成了 2007—2008 年大豆价格持续增加。美国 2011—2012 年发生的干旱,是美国中部地区 20 世纪 30 年代至今所经受的最为严重的干旱,对美国农作物生产造成了严重的减产,阿根廷作为美国大豆主要进口国,大量的大豆销往美国,抬高了 2012 年阿根廷大豆对外贸易的价格。2014 年以来,伴随着美国农业生产的恢复和大豆库存充足,阿根廷本国大豆产量的增加及巴西的贸易竞争,大豆价格持续下滑。2018 年以来,中国增加了从阿根廷的大豆进口量,大豆价格上升。对比大豆和玉米的贸易价格和种植面积发现,2016 年以来,由于阿根廷取消了对玉米、小麦的出口预提税,而对大豆征收 30% 的税,因此,相对于大豆,玉米的价格尽管有波动,但仍处于一个有利的范围。进一步分析大豆和玉米的价格关系,2017 年国际玉米价格下跌,有利于阿根廷国内大豆价格的增长。2018—2019 年上半年大豆价格下跌,又再次回到了有利于玉米市场的状态。

大豆的价格和生产成本息息相关,分析大豆生产成本的变化有利于更全面地分析大豆的价格变化。阿根廷大豆生产成本主要包括收获、农药和化肥、种子、耕地和销售成本。2015—2016 年,由于生产成本在一定程度上下降,毛利率开始回升,但 2017—2018 年销售成本有所上升导致预期利润下降。这种趋势在 2018—2019 年有所扭转,但由于年销售利润率下降,在未来大豆价格将会下跌。

(二) 玉米

阿根廷是世界第四大玉米生产国,在世界玉米出口国中排名第二。自 2018 年,玉米产量超过大豆成为阿根廷最大的粮食作物,这是由于 2017—2018 年阿根廷大范围干旱导致大豆产量和种植面积下降,以及阿根廷政府取消了对玉米的预提税造成的。如果考虑近 5 年谷物产量水平,玉米排在第二位,约 4 000 万吨,仅次于大豆的 5 300 万吨。玉米主要种植在布宜诺斯艾利斯省的北部和东南部,圣菲以南,科尔多瓦以南和拉潘帕以北,传统上成为"玉米核心种植区(Zona Núcleo Maicera)"。

2018 年以来,由于美国玉米播种面积和玉米产量的下降,世界玉米库存一直在下降,这些因素也导致玉米价格的回升,近年来价格稳定。玉米出口数量的波动在很大程度上反映了生产的变化。就价格本身而言,玉米离岸价格(Free On Board,FOB)和国际价格的演变是一致的。如 2013 年阿根廷玉米离岸价格达到最高值 60 亿美元，这与当年的产量大幅增长及较高的国际价格相吻合。自 2016 年开始，由于重新执行外销决议政策（DJVE）和降低预提税推动了玉米的对外贸易，提高了玉米的价格和种植利润率。

总体来看，阿根廷国内玉米价格和国际市场玉米价格保持一致。2007—2008 年与国际金融危机有关的投机因素加剧了大宗商品价格的普遍波动，导致玉米国际价格出现非常大的波动。2012 年国际玉米价格的大幅增加与美国玉米遭遇严重干旱导致供应下降密不可分。2014 年，由于美国的玉米产量恢复、库存增加，国际玉米价格下跌。阿根廷国内市场玉米价格和国际市场价格变化基本一致，离岸价和收购价波动较为温和。

2016 年以来，由于取消了出口配额和出口关税税率，玉米相对于大豆的价格一直是有利的，波动不大。同时，玉米与牛的比例也有所改善，增加了饲料的成本。2017 年国际玉米价格的下跌有利于畜牧业的发展。虽然 2018 年由于气候因素导致了玉米价格的上涨，但是不利的环境因素也影响了牧场，相对于较高的玉米价格，家畜的育肥显得更重要，因此，大型牧场仍然选择玉米饲料。

（三）小麦

目前，阿根廷仍然是世界五大小麦出口国之一，从历史上看，小麦一直是其重要作物。阿根廷政府减少出口预留税的政策有利于促进小麦、玉米等产业的复苏和恢复不同谷物种植之间的平衡。阿根廷小麦国内市场保持相对稳定，小麦的消费量接近 600 万吨，消费量增长缓慢主要与居民需求改变有关。出口量相对于小麦产量是波动的，这是由于可出口额度是由小麦总产量和国内消费量之间的差额决定的，国内稳定的消费量决定了出口小麦量会随着年际产量的变化而波动。在对外贸易方面，国际市场价格波动影响阿根廷小麦的出口，2017 年出口量大幅增加，但由于价格下跌，总的出口金额并未达到 2012 年的顶峰状态。全球小麦的库存增加，小麦生产大于消费水平，影响国际小麦价格波动。造成这样的原因是在欧盟（法国、德国、波兰和意大利）、中国和印度的推动下，全球小麦产量达到了 7.5 亿吨，造成了世界小麦库存增加，而阿根廷小麦产量仅占全球总产量的 3%，阿根廷小麦价格极易受国际市场的影响。如在 2010—2011 年度，国际小麦价格提高促进了阿根廷国内小麦种植技术的引进，加上良好的气候条件，促进了该年度小麦产量的恢复与提高。

小麦价格的变化与其加工制品的消费结构有关。阿根廷小麦制品（面粉等）80％以上销往国内市场，2006—2012年平均产量为470万吨。伴随着产量的增加，出口量也稳定增长，面粉出口量约占总产量的20％。

阿根廷国内小麦价格和国际价格变化基本保持一致。在对外贸易中，和玉米一样，受2007—2008年国际金融危机有关的投机因素影响，加剧了大宗商品价格的普遍波动，导致小麦国际价格出现非常大的波动。2010年由于黑海地区（俄罗斯、乌克兰和哈萨克斯坦）遭遇严重的干旱，使小麦价格上涨。2014年美国小麦产量的恢复和库存的增加加速了国际小麦价格的下降。阿根廷国内小麦价格变动的两个重要时间点是2013年和2015年：2013年由于美国干旱造成小麦市场供不应求，特别是工业用粮短缺，阿根廷国内可供应量不足，导致小麦价格的急剧攀升；2015年后小麦价格下降，一是由于美国谷物产量的恢复和国际库存量的增加，二是由于阿根廷政府取消了小麦的谷物出口预留税，小麦生产和销售成本下降。总的来看，阿根廷小麦产量与中国、印度、俄罗斯、美国等的小麦产量有很大差距，因此，阿根廷国内小麦价格受国际小麦市场的影响较大。

（四）向日葵

在阿根廷国内市场，向日葵价格随国际价格的变化而波动，但是由于出口关税的影响，国内价格波动较小。值得注意的是，2007年之前大豆和向日葵的出口关税为23.5％，在这之后，大豆关税提高到了35％，向日葵的关税提高到了32％，二者之间的价格差距也进一步扩大。从2016年开始，随着出口关税配额的减少，二者价格差距也逐渐缩小。

由于多种原因，2008年向日葵的国际价格达到了一个创纪录的水平。①新兴市场，尤其是中国的需求强劲增长。亚洲国家逐步进入国际消费市场，导致对粮食，特别是大豆及向日葵的需求增加。②国际石油价格上涨促进了生物燃料取代化石燃料的发展，促进了对于生产生物燃料谷物的额外需求，迫使价格上涨。③国际金融市场资金过剩流动，部分流向了农产品期货市场，推动了所有谷物价格的上涨。

2008年底国际金融危机打破了包括大豆和向日葵在内的所有大宗商品价格的上涨趋势，之后通过需求市场的复苏逐渐恢复。价格新高峰是由于气候因素造成的，如 2011 年由于黑海地区遭遇严重的干旱，使得 2012 年黑海地区国家对南美洲地区供应向日葵和大豆减少，价格上涨。

　　总体来说，阿根廷的农产品价格与国内经济发展情况及国际市场发展变化较为一致。世界范围内，多国政府启动了粮食库存计划，禁止出口本国农产品，以保障国家粮食供应充足，这些都将进一步威胁国际食品贸易供应链的正常运转。从 20 世纪初起，阿根廷就是出口导向的经济结构，国家主要收入来源依靠对外贸易，它出口的产品都是初级农产品，这种大宗农产品很容易受国际市场价格波动影响，甚至一些发达国家有能力在短期内操纵国际市场大宗产品的价格。2018 年爆发的阿根廷比索贬值也是它长期以来的经济结构所导致的。国家的收入很大程度上必须依赖大宗商品出口的价格，然而这些商品价格不为阿根廷政府所控制，更多的是受国际舞台上各大政治力量角力结果的影响，这些商品价格一旦下跌，国际市场自然会对阿根廷的信用和财政能力产生恐慌情绪，受此影响，阿根廷比索就会大规模贬值。

第五章 CHAPTER 5

阿根廷农业政策 ▶▶▶

　　阿根廷的农业政策同宏观经济和贸易政策一样经历了波动。20 世纪 90 年代实行开放经济后，出现了一段经济孤立时期，2001—2015 年提高了关税和出口税。2015 年以来，现任政府已经更新了开放经济模式。农业部门在 2009 年才从经济部门分离出来，而在 2015 年更广泛地关注整个价值链，并在农业工业部（以下简称"农工部"）的新名称中体现出来。农工部自 2018 年 9 月起成为生产部下属机构，负责执行农业政策和服务的机构包括国家农业技术研究所（INTA）和国家农业食品健康和质量服务机构（SENASA）。阿根廷很少向生产者支付投入或产出款项，除了特别烟草基金（FET）方案，主要通过农业发展银行（Finagro）向小型生产者提供优惠信贷和一些基础设施。

第一节　阿根廷农业政策体系

　　阿根廷的农业政策是外向型农业发展模式，即积极投身于世界农业市场的竞争中，而它所制定的农业政策主要是为了提高本国的农业竞争力，主要农业政策就是松绑减负和创造良好的外部环境。阿根廷的农业政策受到贸易政策周期性变化的影响，1991 年以前，政府拥有名目繁多的税种，税种的繁复加重了农民的生产负担；1991 年开始，采取开放经济的做法，包括签署世贸组织和南方共同市场协定，实行经济独立主义，进口替代政策，统一税收原则，不单独设立其他税种和征税机构，减少了一系列税种。税收减少以及正规化有效地减少了农民的生产费用。此外，降低或取消各种类型的出口税和检查费，间接减少了农业生产成本，农产品国际竞争力有所提升。

一、1991 年前的农业政策

阿根廷在 20 世纪 30 年代大萧条期间实行谷物支持价格制度，使阿根廷农业得以发展。1945—1955 年时期，阿根廷建立了国外贸易促进协会（IAPI）以控制国家贸易，农产品的价格也由政府决定，个人贸易者成为政府的代理人。1955年，阿根廷政府废止了 IAPI 成立了国家谷物局（JNG），增加了个人的经济权利。1956 年后，国家谷物局成为一个负责管理谷物和油料贸易的主要机构，谷物和油料的国际贸易回到了个人领域。1959 年对主要谷物逐渐取消控制，小麦是最后取消控制的谷物。在 1963 年，政府批准个人建设港口终端。1973—1979年，国家谷物局开始执行曾为 IAPI 所管理的计划，成为小麦、玉米、高粱和葵花籽的唯一贸易者。1976 年，阿根廷政府取消了国内价格控制，农业上市回到个人手中。1977 年，价格支持机制被一种在国际和国内价格之间的固定购销差价方案所取代。1979 年，政府批准个人投资建设出口设施和租借国有储藏设施，免除了出口税。国家谷物局继续管理谷物和油料的商品价格支持，经营国有的储藏设施包括港口终端，征收出口税和专用抽税；颁发出口许可证和在需要时设定出口份额；国家谷物局承担进行双边谷物协议谈判的责任。

二、1991 年后的松绑减负政策

1991 年 11 月，卡洛斯·梅纳姆总统发布命令，撤销了近 60 年代表政府参与粮食生产与市场管理、垄断进出口贸易的国家谷物局。国家谷物局过去的许多功能如统计工作、监控个人谷物检测工作和出口注册等服务功能已移交给农业秘书处。2001 年后，改革两项举措对农业领域有直接影响：①新的汇率制度，使比索有效地贬值，使出口货物价格相对便宜，增加了农民的利润。②重新引用出口税，1991 年开始，采取统一税收原则对农牧民和农户征税，不单独设立其他税种和征税机构，同时采用农牧业轻税原则的税收政策，减少了一系列税种，对 90％左右的农户收取个人所得税，并对农业营业税按照最低为 1％的税率征税。2015 年马克里总统上任以来，取消了 23％的小麦出口关税，并削减大豆、豆粕和豆油出口关税，鼓励农产品出口，并积极开拓新市场。税收减少以及正规化有效地减少了农民的生产费用，使得近年来一直低迷的农业投资市场再度呈现增长趋势，从新型农业机械到港口基础设施，再到全国牛肉产业，农业投资呈现全面复苏，农作物及肉类出口利润改善（表5-1）。

表5-1 阿根廷农业政策的发展

年份	经济框架	关键农业政策措施	长期农业举措和政策
1860—1932	开放经济	低进口关税和出口税。在运输和农业基础设施（铁路，港口）上的大量投资	促进商品生产
1933—1940	日益开放的经济	为最终消费者寻找低廉的食品价格。进口关税。价格稳定措施：支持价格，公共库存政策，贸易法规，汇率市场控制	建立国家委员会（谷物/肉类）
1941—1970	封闭经济	对主要农产品的价格干预，强制性公共持股，对农产品贸易的出口税，对肥料等农业投入品的进口关税，投资个人农业研发以及一般基础设施	建立了几个农民组织并管理了土地使用权制度；建立农业研发和推广服务机构INTA（1956），建立AA-CREA（1960）
1971—1990	半开放经济	农产品出口税和高度反贸易偏见仍在继续。初步尝试开放贸易。在研发、农业基础设施，道路和电气化方面的投资水平较低	关于区域贸易协定的初步对话：南方共同市场（1985）。个人组织的建立或发展是为了接管政府提供的任务
1991—2001	开放经济	拆除存货和定价机构，降低进出口关税，自由贸易协定。价格稳定，贸易壁垒减少，私有化和市场管制放松	成立南方共同市场（1994年）和加入世贸组织（1995年）。SENASA与IASCAV植物健康研究所合并，并加强了对口蹄疫的控制。创建INASE。国家委员会解散（1991）
2002—2015	封闭经济	实行出口税政策。寻求最终消费者的低食品价格，高进口关税和高出口税，价值链受制于出口配额和零售水平的价格管制。国家农业贸易管制办公室（ONCCA）实施ROE和其他贸易限制	INTA增加预算和人事人员。SENASA将其控制范围扩大到植物物种（以前只有动物）。ONCCA于2011年解散
2016年至今	开放经济	取消对所有农业商品（大豆除外）的出口税，减少了出口税	CFA（联邦农业委员会）改革

三、农业政策组织机构

阿根廷农业工业部（截至2018年9月）负责农业政策的管理、制定和执行。到 2009 年，农业政策由经济部负责。在农业部机构改革后，2016 年成立了农业工业部（以下简称"农工部"），目的是将农业部的职能范围从初级生产扩大到整个农业产业链。这一变化反映了一种观点，即初级生产部门和相关产业是国家经济发展的关键参与者。这项改革还回应了效率需求，减少繁文缛节，加强协调，避免国家和省级公共机构之间的职能重叠。阿根廷是一个联邦国家，一些政策权限及其执行与各省相对应，省级政府在区域跨部门发展战略中发挥主导作用。

农工部的职能在 2016—2018 年基本没有改变，当它成为生产部的秘书处时，只是强调行动领域、实施和协调机制。农工部秘书处下属 4 个分秘书处和 8 个二级分秘书处。每个分秘书处都有自己的职责，并协助农工部秘书处设计、实施和协调不同的政策和行动。这 4 个分秘书处是农业、畜牧和渔业分秘书处，粮食和生物经济秘书处，家庭农业、统筹及土地发展分秘书处以及农工部市场分秘书处（图 5-1）。

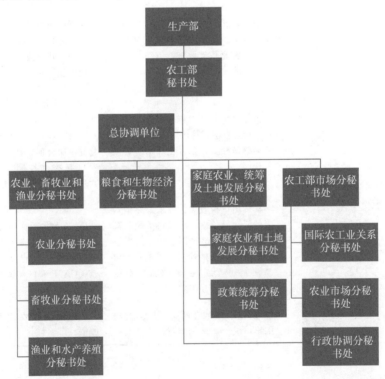

图 5-1 阿根廷农业工业部秘书处组织

注：2018 年 9 月初，政府的一些制度安排发生了变化，包括将原农工部并入生产部。一些变化仍在进行中，因此目前的组织不包括最终将发生的机构调整。

（一）下属机构

阿根廷的公共机构框架相对简单，由农工部秘书处下属的5个主要机构组成（图5-2）：国家农业技术研究所（INTA）、国家农业食品健康和质量服务局（SENASA）、国家种子研究所（INASE）、国家葡萄栽培研究所（Inional de Vitivinictura）、国家渔业研究和发展研究所（National Fisheries Research and Development Institute）。这些机构在财政和政治上是独立的，但必须遵循农业政策的主要指导方针，并向农工部秘书处报告。

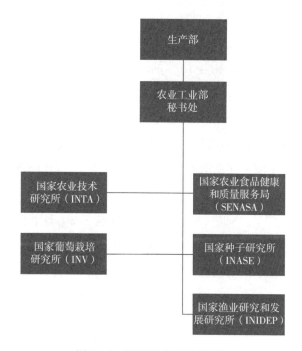

图5-2　阿根廷农业制度框架

（二）私有组织

私有组织和机构包括合作社、联合会、供应链农民组织、商会和社团等。如合作社间农业联盟有限公司（CONINAGRO），阿根廷农村联合会（CRA），阿根廷农业联合会（FAA），阿根廷农村社会（SRA），阿根廷区域农业试验联盟协会（AACREA），阿根廷直接播种生产者协会（AAPRESID），食品工业协调员（COPAL），阿根廷中型企业联合会，阿根廷大豆链协会（ACSO-JA），阿根廷玉米协会（MAIZAR），阿根廷小麦协会（ARGENTRIGO），阿根廷向日葵协会（ASAGIR），农业卫生和肥料商会（CASAFE），阿根廷化肥和农用化学品工业商会（CIAFA），施肥民间协会（Fertilization），阿根廷合作社协会（ACA），阿根廷牛肉促进研究所（IPCVA），阿根廷葡萄酒公司（COVIAR）等。这些私营机构在土地保有权的设立、新技术的产生和采用、长期农业政策的设计等方面发挥了重要作用。

四、阿根廷农业相关协议、法规和环境事项

阿根廷被公认为世界领先的食品生产国和出口国之一。由于阿根廷具有与土壤特性、降雨和气候有关的竞争优势，成为世界上农产品成本最低的生产国之一。在20世纪90年代，由于持续的农业现代化、生产变化、土地集中变化，阿根廷农业产业的产量和单产大幅增加。

1994年以来，由于生产系统的变化，"免耕"技术、生物技术的实施以及农用化学品、肥料和灌溉技术的使用增加，阿根廷的农业生产扩大。阿根廷是第一个建立转基因作物产业监管框架，有组织地评估转基因作物生物安全性系统的拉丁美洲国家。

阿根廷目前在大豆、棉花和玉米产业上批准了30多个转基因项目，这些项目主要引入了昆虫抗性和除草剂耐受性。阿根廷农业也受制于以下各项法规：农牧业协议、农业租赁协议、农业食品生产的监管、农业贸易相关规定、出口管制和税收、外汇管制、牲畜上的标记和烙印相关规定、环境方面相关规定。

（一）农牧业协议方面

有关农业和畜牧业活动的协议受阿根廷法律、阿根廷民法典和当地习俗的约束。

根据第13246号法律，除以下情况外，与农村财产和土地相关的所有租赁协议的最短期限均为三年。租用农村土地播种的协议可以为一年或两年内有至少两次收获。用于牧场的农村财产租赁协议的期限可以为一年或更短。农民租户不能转让或转租的协议（除非得到土地所有者的批准）。农民租户去世后，该协议可以与继承人继续签订。若农民租户滥用土地，土地所有者可以撤销协议或提出司法要求以制止这种滥用。拖欠租金时，土地所有者可以发起追缴。

　　第 13246 号法律还规定了共享农作物的协议，当事一方为另一方提供农场动物或土地，目的是在农民租户和土地所有者之间分享利益。这些协议的最短期限为 3 年，最长期限为 10 年。对于需要租户整治土地的情况（例如砍伐森林或灌溉），该法律还规定了 20 年的特殊期，这可能会使土地的生产力推迟两年以上。农民租户必须履行协议中规定的义务，并且在任何情况下都不能转让这些义务。农民租户死亡或丧失能力时，协议将终止。

　　农业和畜牧业协议不受第 26737 号法律及其第 274/2012 号实施条例的约束，该法令限制了外国法人或外国个人对农村土地的所有权或占有权。

（二）农业食品生产的调控

　　阿根廷的农业食品生产受农业、畜牧业和渔业部（Ministerio de Agricultura，Ganadería y Pesca，MAGyP）和统筹与评估联合会（Unidad de Coordinación y Evaluación de Subsidios al Consumo Interno）（UCESCI）的若干法律、行政命令和决议的约束。UCESCI 是负责控制农业牲畜、肉和奶制品商业化和生产的机构。UCESCI 的主要目的是确保涉及牛、肉、谷物和奶制品市场的经营者遵守贸易规则，确保全国食品部门的透明度和公平性。

　　根据适用法规，所有参与谷物和奶制品商业化和生产的人员必须在商业农业食品链国家经营者注册局（Registroúnicode Operadores de la Cadena Comercial Agropecuaria Alimentaria）（ROCCAA）注册，在谷物、牲畜和奶制品及其副产品或衍生物市场上从事农业食品贸易和工业化的任何个人或公司的注册，必须每年更新。谷物生产者必须在 UCESCI 授权的设施中储存谷物，并且必须保存在此类设施中储存谷物的记录。未能在 ROCCAA 上注册或被 UCESCI 取消此类注册将导致要求运营商停止其活动并立即关闭其农业食品企业。如果违反任何适用法规，UCESCI 可以处以制裁，包括警告、罚款和中止或取消注册，这将导致违规企业立即停止活动并关闭设施。

　　农产品的质量由国家食品和农业健康与质量服务局（SENASA）进行监管。SENASA 是 MAGyP 中的一个实体，负责监督农业活动。SENASA 监督食用和不可食用动物产品、副产品和衍生产品的加工和制造场所、渔船和存储设施，以确保企业遵守卫生法规。SENASA 还负责监管货物和动物在国内的流动、动植物的进出口、农业食品、农用化学品和化肥等。SENASA 具有边界控制和监督功能，能够检测可能对动植物健康构成威胁的病原体。

（三）家畜方面

与牲畜和提货单有关的事项受《商标、标志、证书和指南法令》第22939/83号（由第26478号法律修订）的约束。根据该法律，所有牛都必须带有MAGyP授权的品牌和标记。

监管框架规定，每头牛的所有者必须遵守在每个省建立的手续，以便注册特定的品牌或商标以标识其牛，并遵守任何管理牛所有权转让的法律法规。所有权转让必须由买卖双方签发的购买证明书来证明，并由适用的省级主管部门进行认证。此外，法律不允许在省管辖范围内注册相似的品牌或商标，或可能与已经注册的其他品牌或商标相混淆的品牌或商标。如果要在同一省注册类似的品牌或商标，则最后注册的所有者必须在90天内按照当地政府的指示对其进行修改，否则将被撤销注册。针对牛的规定是：对特定品牌或商标的注册授予其所有者专有的使用权，并且可以在每个司法辖区根据其适用法规授予的最长期限届满后进行延续。注册所有权是可转让的，并由主管当局签发证明。所有转账必须在适用的注册表中进行登记。

（四）环境方面

阿根廷林业法禁止破坏森林和林地以及不合理使用森林产品。天然林的土地所有者、租户必须获得林业主管部门的许可后再种植林地。该立法还促进了用于农业财产中天然林的形成和保护。

第二节 阿根廷农业投入和补贴政策

一、阿根廷农业投入和补贴政策概述

与许多其他国家相比，阿根廷的农业政策基本没有以资金投入影响土地分配的投入价格补贴或方案，也没有实施任何增加保险使用的计划，缺乏价格支持和稳定的计划。几乎没有向生产者支付投入或产出补贴，也没有直接根据面积或动物数量支付的补贴。政府对农业部门的预算支出大部分用于一般服务，如知识和创新系统等，支出远小于对农产品出口税带来的负面影响。

1990年之前，对化肥等农业投入的进出口征税，对私营农业部门的投资

水平较低；自 1990 年起，阿根廷实施宏观经济改革方案，此时期的特点是缺乏进出口税，价格稳定、贸易壁垒降低、私有化和放松管制导致生产者经济环境重大变化。2001 年底遭受的宏观经济危机导致农业政策发生重大变化。2000—2015 年，实行关税和出口税，在过去 20 年里，阿根廷出口税给农产品出口部门带来了很大负担，但受益于国际商品市场高商品价格周期，农业生产特别是集约化作物生产不断扩大。2015 年阿根廷政府换届后重新执行开放的经济方式，尽管政策发生了变化，但负责执行农业政策和服务的几个分散机构具有稳定性。

二、阿根廷农业投入和补贴政策实施分析

直到 20 世纪 90 年代初，阿根廷科学技术和创新系统的活动基本是通过直接分配给实施研究和发展（R&D）的机构或特定项目的公共资金资助的，个人只参加了很小的一部分。权力下放机构 ANPCYT（FONCYT，FONTAR 等）管理的资金已成为该系统主要资金来源。阿根廷大部分科研资金来自公共资源，占 2011—2015 年财政总资金的 96%，而私营部门为 3.5%，国际资金为 0.5%。在实施方面，权力下放的公共机构（例如 CONICET，INTA 和 IN-TI）约占总数的 50%，而公立大学约占 30%（MINCYT，2015 年）。权力下放的公共机构小组汇集了非常多样化的数据集，但是没有分类数据。人员支出占研发活动总支出的 70%。所有资源中几乎有一半用于应用研究，而基础研究则占 40%。

2015 年，"农业生产和技术"是最大的 R&D 投资重点领域。此外，与农业有关的 R&D 目标也包括在其他许多报告的社会经济目标中，例如"非定向研究"（基础研究），"结构与社会关系""环境的控制与保护""土地勘探与开发"以及"能源的生产，分配和合理利用"。用于农业问题的总投资份额很难估算，但是毫无疑问，它是最大的关注领域。

第三节　阿根廷农业保险政策

阿根廷农业保险发展得比较快，经过多年的发展，农作物保险一家独大，牛羊等畜牧保险、森林保险发展较为缓慢，甚至出现倒退萎缩的局面，整体行

业发展呈现出不均衡、运营成本较高的特点。农业保险完全私有化，由没有公共补贴的私有公司提供的，这与最发达国家农民支付的费用不到一半或是 1/3 形成鲜明对比。此外，农民面临着相当大的价格风险，阿根廷期货市场（由于不断上升的通货膨胀和出口税的不确定性）保险不均衡，在潘帕斯等农业生产主产区的农业保险参保率保持在 50％以上，而其他剩余农业地区的参保率较低或根本不参保。

与农作物相关的保险险种有：补偿型农作物保险、农业指数保险和农作物收入保险三大类型。补偿型农作物保险历史悠久，具有代表性的如多风险农作物保险（MPCI）；该险种只为农业龙头企业提供，不针对普通农户。列明风险的一年生小麦、大麦、大豆、玉米、向日葵和水果等农作物险比较受欢迎，自然灾害等列明风险的农作物保险也依据投保农作物和农场位置被纳入列明风险范围。农业指数保险主要包括区域产量保险、天气指数保险、卫星指数保险。牲畜保险标的为马、牛、羊、猪及野生动物，类型包括意外事故和死亡保险、传染病保险和死亡指数保险，保障水平为其市场价值。

阿根廷政府为促进农业保险发展采取了多样化的措施，主要体现在农业相关技术支持方面，包括农业保险基础信息收集与处理、农业生产风险评估、农险产品研发等方面。为应对突发情况转移农业巨灾风险，政府面向小农和边际农实施可直接购买保险如雹灾保险计划等特殊保险措施。

第四节 阿根廷的农产品价格支持政策

阿根廷政府层面对农业的直接支持政策很少，至今阿根廷的农业几乎没有任何政府补贴，政府对农业的支持作用体现为农业松绑减负以及创造不断改善的外部环境，这也是阿根廷农业政策与美国、欧盟农业政策最大的不同之处。

一、农产品关税相关政策

阿根廷进口关税分为普通关税和特别关税，其计征办法为在各类商品进口税率的基础上，另加 21％的增值税和 9％的附加总值税。多边方面，阿根廷是 WTO 的创始成员方之一，对所有 WTO 成员给予最惠国待遇。双边方

面，自 1995 年 1 月，南方共同市场成员实施共同对外关税政策，自 2000 年
1 月起，除汽车和食糖外，其他所有产品均实现南方共同市场成员内部流动
零关税。

为农业提供支持的政策措施不仅由农工部决定，也由其他部委和政府机构
共同决定和执行。阿根廷的大部分预算计划都集中在一般服务的规定上，例如
农业创新系统或检查服务，与生产者的支持服务相比，这些计划的针对性更
高，可以提高该部门的生产率和可持续性。

大多数农产品生产商没有获得政府的价格支持。相反，在过去的几十年
（直到 2015 年）中，对部分农产品实施了出口税和限制。政府提供的投入补贴
非常有限，主要是通过 FINAGRO 提供的优惠信贷以隐性利率补贴的形式提
供。这些信贷用于一系列产品和金融投资以及营运资金。2017 年成立了新基
金 FONDAGRO，以优惠利率为该领域的投资提供资金，但目前范围有限，为
应对极端天气事件（主要是干旱）提供的灾害援助数量有限。

二、阿根廷的农业与粮食价格政策

1. 政府在国际组织谈判中的作用

阿根廷政府在国际组织中积极致力于进一步减少影响农产品贸易的限制，
并在 WTO 中建议加速削减关税和补贴；在多边谈判中发挥政府的主导作用，
如与南方共同市场、美洲自由贸易区，与欧盟、美国、墨西哥、智利、南非等
国家和地区，一直秉承卓有成效的洽谈机制，成效显著。

2. 口岸政策的改革

降低或取消出口税及各种检查费用等举措降低了农产品出口成本，给阿根
廷提供了更大的农产品出口价格空间来应对国际竞争，另一方面也直接提高了
生产者和贸易商的收益。

3. 运输系统的改善和提升

政府把改善运输系统提高运输效率和降低运输费用列为重要项目，疏通河
道、加深河床、使大吨位越洋货船直达内河以降低运输费用和缩短运输周期，
以及拓展运输路线和扩大服务范围。改造提升旧的运输系统，使其具备现代化
竞争力。同时提高服务质量和改善服务态度，这些措施客观上对提高农产品国
际竞争力起到了关键作用。

4. 提供全面培训

政府向中小生产者提供财务、社会、技术和组织支持，向农民提供利用期货市场的咨询支持，使农民利用现代交易手段规避市场价格风险。

第五节 阿根廷的农村与农业金融政策

一、农业政策性金融

农业政策性金融是国家保护、扶持农业的重要工具。阿根廷的农业政策性金融机构服务体系主要由国家商业银行、私人商业银行以及金融公司、抵押银行、信贷协会和信贷合作社、大企业金融组织共同构成。国民银行是官方最大的农业政策性金融服务机构，它主要为购置拖拉机等大型农业机械、建立牧业加工屠宰和冷藏设施、建立粮食仓库等提供补贴贷款。

二、私人商业银行

私人商业银行是提供短期生产信贷和销售信贷的重要机构，特别是对从事出口生产的农场和企业都给予优先服务。一般情况下，金融公司和抵押银行为小企业和农户提供某些投资项目的融资服务，但其数量有限，条件也较苛刻。阿根廷的农业信贷协会和信贷合作社可利用所汇集的储存款给农户提供数量较少的信贷资助。为鼓励农牧业生产和出口创汇，对与农牧业生产者签订生产与销售合同的加工制造或出口创汇企业，农业政策性金融机构提供贷款和其他信贷服务。20 世纪 70 年代以来，阿根廷政府采取的宽松政策和措施，较好地调动了个人和农民组织的生产积极性，农民组织在组织生产和提供服务方面与政府部门协调配合，发挥了灵活多样的优势，推动了农牧业经济的发展。由于阿根廷的农业政策性金融机构服务体系比较完善，目前全国的农牧业生产流通社会化程度也是比较高的。

三、其他服务体系

为了加大农业科技含量，政府还充分运用农业政策性金融手段及其服务体系，大力扶持、推广农业良种。为此，阿根廷政府专门颁布了《种子法》，并专门成立了管理机构——种子委员会，负责种子的生产和收集、品质鉴定、推广和出售。《种子法》规定：农民必须使用农牧业技术研究所6个试验站和10家私人种子公司培育的种子。新品种每3～6年审查一次，进行更新和淘汰。对于优良种畜，农户则可以通过一年一度的全国农牧业和农机展销会，或重金直接通过专业生产组织及企业引进国外良种，也可由国家科研部门引进后，再向农牧户推广，提供活畜或冷冻精液进行培育，不断改良牲畜品种。阿根廷政府充分运用农业政策性金融手段，大大促进了农业的开发和资源利用，并使农业产业化进程大大加快。

四、高度重视农牧业新技术的推广和研发

首先，阿根廷农业转基因技术成熟，种植的大豆绝大多数都是转基因大豆，高产量，高蛋白，出油率高，在国际市场上具有强大竞争力。其次，随着经济的发展人们对健康农业要求越来越高，阿根廷加大了对有机农业产业的科研力度，有机农业发展良好。目前，阿根廷有机农产品的出口量已经高居世界第二位。再次，阿根廷积极研发先进农业技术，推行免耕直播法，在上一茬收割后的土地上用除草剂杀死杂草后，直接使用轻型播种机播种，有效降低了成本和能源消耗，达到增产和环保的目的。因此，免耕直播法都代表着未来农业的发展方向，具有良好的经济价值，还能保持生态平衡和农业可持续发展。

五、对农牧业实行轻税政策

农牧业轻税政策有：①对农牧业出口产品实行上游环节增值税全额退税政策，有效地降低了农牧产品生产者的负担；②中小农户基本没有所得税负担，个人所得税起征点高，使得最高税率高达35％的超额累进税制不至于对中低收入农户产生冲击；③对农业的营业税按最低1％的税率执行；④与农牧业相关的税收均在流通环节征税而非生产环节征税，不对产品收入征税更不对农产品实物征税，对部分农户实施简便的定额税，方便农户，实际负担较低；⑤对农户没有法律规定以外的收费或繁杂的地方税负，较好地减轻了中低收入农户

的税费负担，有力地促动了农业与农村的发展。

六、积极推进农业的地区专业化和生产专业化

随着经济作物种植面积的扩大和多样化生产的发展，农业生产的地区专业化趋势越来越明显，逐步形成了按地形、气候、农作物分布等特点划分的农牧业区。潘帕斯草原区自然条件极为优越，是理想的农牧业生产基地，集中了全国 90％以上的粮食和油料作物的生产，畜牧业发达。

值得注意的一个例子是 2016 年增加一般事务 200 亿美元，农业投资 400 亿美元，明显超越部门的资源配置。省级农业服务方案（PROSAP）执行的公共基础设施项目每年收到约 4 000 万美元，INTA 管理的推广服务项目也是如此甚至更多，其预算从 2007 年的 8 000 万美元增加到 2016 年的 2.11 亿美元。这些努力还可以帮助改善许多公共方案的资源分配，改善农村地区的道路和通信基础设施、教育和保健情况以及小型企业的发展情况。

第六章 CHAPTER 6
阿根廷农业合作社 ▶▶▶

一、合作社的界定与特征

2002 年第 90 届国际劳工组织通过的《合作社促进建议书》规定，合作社是"人们自愿联合组成的，通过共同所有与民主控制的事业来满足成员共同的经济、社会与文化需求的自治组织"。阿根廷的法律规定，合作社是基于自力更生和互帮互助来组织和提供服务的实体。合作社的价值观可以总结为以下几个词：互助、民主、平等、公平、团结、诚信、透明、社会责任等。从广义上讲，合作社是一个非营利性的联合体，其宗旨是在互惠的基础上改善其成员的社会和经济状况。

根据阿根廷的《合作社法》，合作社有如下 12 个特征。

（1）合作社拥有可变的资本和无限的期限。

（2）合作社的成员数及资本额没有法定限制。

（3）合作社成员不论社会贡献及资本投入，每人一票，也不给予发起者、创建者和董事会成员任何特权。

（4）若符合法律规定，合作社将盈余用于资本回报，则它仅承认资本在社会贡献中所产生的利益。

（5）除了管理机构认定以及上级合作社规定的特殊情况外，合作社成员应至少为 10 个。

（6）合作社依本法规定，按社会服务的使用比例分配盈余。

（7）合作社不能以宣传政治、宗教、国家、地区或种族思想为目的，也不能以此作为合作社成员的准入条件。

（8）合作社鼓励合作教育。

（9）合作社推动合作一体化。

（10）合作社应根据相关规定，为其成员及非合作社成员提供服务。

（11）合作社按成员认缴份额，限定其应承担责任范围。

（12）合作社的社会储备资金不可分配，在清算时其剩余资产应无私分配。

阿根廷的《合作社法》还规定，合作社公司的名称必须包含"合作"和"有限"两个词或这两个词的缩写。

二、合作社的主要类型

阿根廷合作社的历史悠久，涉足的领域较广，主要涵盖畜牧业、种植业、渔业、食品加工业、矿业、消费领域、教育行业、医疗业、保险业、信贷业、通信领域、旅游业、电力领域、农村信息服务领域、国际贸易领域等。阿根廷合作社主要有两级组织结构，阿根廷法律规定，10个以上成员可以组成一个一级合作社，一级合作社按同类业务发展需要可自愿组成二级合作社。

按照业务范围，阿根廷的合作社大致可以划分为以下几个类型。

（1）消费合作社：这是由寻求降低商品和服务价格的消费者组成的合作社。合作社批量购买产品，然后以很小的差额出售给其成员，差额用于支付合作社的雇员工资、行政费用和重新购买货物所需的费用。

（2）农业合作社：这是由农业小生产者组成的合作社，目的是以更好的质量和更低的价格购买机器、种子、化肥等农业投入品，为社员提供专业服务和技术援助，并以适当的价格在国内和国际市场上销售产品。

（3）提供服务的合作社：这是由从事相同行业或职业的人员组成的合作社，目的是以尽可能低的成本获得特定投入。比较有代表性的如制药合作社、出租车司机合作社、仓储合作社、医生合作社等。

（4）保险合作社：其目的是向其成员提供保险服务，主要险种包括人寿、冰雹、火灾、盗窃、机动车、疾病、工作、养老等。

（5）住房合作社：这是由需要住房的人组成的合作社，其成员通过自我组织和管理以合作方式获得住房。合作社以直接建设和自我建设的方式提供住房服务，以应对广大居民尤其是低收入居民的住房危机问题。

（6）公共事业合作社：其目的是为成员提供电力、天然气、饮用水、电信、污水处理等公共服务，这些合作社为小社区和大城市的经济和社会发展做出了贡献。

（7）信用合作社：其目的是提供利息适中、还款便利的信贷资金，满足其成员的信贷需求。

（8）劳工合作社：这是由劳动者组成的合作社，他们把自己的劳动力联合起来，经营和管理提供商品或服务的企业，为合作社成员提供就业机会。

（9）合作银行：这是阿根廷金融体系的一个组成部分，包括储蓄和信贷合作社、中央合作银行和其他类似实体，这些实体力求比商业银行更接近和理解客户。合作银行的业务包括接受存款、发放贷款、提供咨询以及其他金融中介服务。但是，它们的商业模式不同于银行。

表6-1列出了阿根廷7个主要类型合作社在各个时期登记的数量，由此可以看出，劳工合作社的数量最多，1927—2012年登记数量达到15 077个；其次是住房合作社，同期登记的数量为1 736个；再次是农业合作社，同期登记的数量为1 495个。

表6-1　阿根廷主要类型合作社在各时期登记的数量

单位：个

	1927—1998年	1999—2004年	2005—2009年	2010—2012年	合计
农业	548	272	550	125	1 495
消费	37	9	24	72	142
信用	66	90	105	37	298
提供服务	218	228	478	133	1 057
公共事业	1 046	52	67	15	1 180
劳工	579	2 538	7 473	4 487	15 077
住房	520	348	760	108	1 736
合计	3 014	3 537	9 457	4 977	20 985

资料来源：阿根廷国家社会经济研究会（INAES）的统计。

三、合作社在阿根廷的重要地位

阿根廷的合作社自19世纪末成立以来，一直是社会经济发展的一个重要因素。到2012年，阿根廷登记在册的各类合作社有21 000多个，这些合作社在阿根廷的社会、经济和政治生活中发挥着重要作用，为纠正市场失灵和国家行动失误做出了贡献。在劳动力就业方面，有超过 1.5 万个劳工合作社帮助劳动者就业，并保障其经济权益。在个人消费领域，据南方国立大学的研究（2016），阿根廷的消费者合作社拥有 144.3 万名会员，遍布 100 多个城镇。广大消费者通过合作社获取更透明、有效的信息，所购产品质量较高、采购成本较低，自身权益得到了有效保障。如今运营已超过 100 年的消费合作社"Cooperativa Obrera"，目前拥有 54 万名员工，设立了 66 个分支机构，并分销自有品牌的产品，年营业额达到 120 亿比索，有 1 000 万人接受过该合作社提供的产品或服务。在公共服务领域，有 600 多家合作社为全国 2 000 个城镇及农村地区供电，目前为 180 万用户、550 万居民提供电能，占全国能源用量的 11%；有 300 家合作社提供电信服务，超过 50 万条电话线路覆盖了 250 万户居民，占全国固话总量的 6%；有近 600 家合作社为全国 11% 的人口处理污水并提供饮用水，这些人口主要分布在阿根廷内陆的中小城镇；有 100 多家合作社为居民供应天然气罐；合作社供应的药品占全国药品分销总额的 15% 以上，年营业额超过 6 亿美元；全国许多合作社还为居民提供急诊、骨科、护理和其他卫生服务。在金融保险领域，阿根廷合作社银行是阿根廷第 8 大银行，为合作社和小企业发展提供了有力的信贷支持；有 17 家合作社获得了全国 11.50% 的保险市场份额，一些合作社在全国保险公司排名中名列前茅。

在农业领域，合作社在解决农产品加工增值和进入市场方面作用显著，合作社的农畜产品在市场上占有优势。截至 2010 年底，活跃的农业合作社共有 1 606 个实体，总产值达到 35 亿美元。农业合作社基本是专业性合作社，并有自己的龙头企业。按合作制组建的各类企业，既能参与国内外市场竞争，又能很好地处理与农民社员之间的利益关系，在给农民带来经济效益的同时，也提供了许多就业机会。一级农业合作社联合起来组成二级合作社，如阿根廷合作社农业协会由 150 个生产粮食和肉类的一级社组成，有 2 个大的屠宰加工厂和冷库。一级社负责生产初级产品，二级社向一级社提供种子、农药、化肥，负责产品的加工和销售，所获利润返还一级社。各级农业合作社能把分散的小生产者联合起来，共同抵御市场风险，起到稳定市场的作用，同时在消除贫富差距，稳定社会方面发挥积极作用。

阿根廷的合作社既注重发挥经济组织作用，也重视社会组织功能。合作社在议会中占有一席之地，阿根廷议会中专门设立了合作社事务委员会，由 23

位议员组成，他们积极参政议政，合作社和农民的建议通过他们得到反映，有利于合作社发展。合作社崇尚民主、互助、自立和关心社区等价值观念，有利于社会的稳定和发展。合作社成为国家把中小生产者联合起来发展经济的主要组织形式，是稳定社会和经济的重要力量，受到阿根廷政府的高度重视。

第二节　阿根廷农业合作社的发展历程

19 世纪末，在欧洲出现合作社运动之后不久，许多来自欧洲的移民把合作社的思想引入阿根廷，在政府的推动下，阿根廷的合作社事业开始发展起来。阿根廷各地区根据实际情况成立合作社，将中小生产者聚集在一起，目的是满足农村地区的基本需要，如基本消费品的供应、防止各级中间商滥用权力以及新移民的文化融合。然而，阿根廷合作运动的头几年是失败的，这是因为早期实践者们对合作社的本质特征和原则缺乏足够的认识，并且没有适当的法律将合作社同其他类型的实体区分开来。当时阿根廷出现一些组织，它们虽然使用了合作社的名称，但是实际上并没有真正按照合作社原则运营；还有些实体组织确实具有合作社的本质特征，却采用的是其他组织类型的名称。在这些最早成立的阿根廷合作社当中，唯一成功并长期运营的是一家名为"El Progreso"的农业保险合作社。该合作社是由一群法国定居者于 1898 年在布宜诺斯艾利斯西南部的皮圭（Pigüe）镇创建，最初旨在共同应对农业遭受冰雹灾害等问题。截至 2019 年 10 月，"El Progreso"合作社仍在运营，成为阿根廷历史最悠久的合作社。

进入 20 世纪，随着国内市场的发展，阿根廷农业合作社运动得到了发展和巩固，合作社的登记数量显著增加。1904 年，阿根廷第一家真正意义的农业合作社——农牧业联盟（Liga Agrícola Ganadera）在布宜诺斯艾利斯省北部的胡宁市成立。同年，恩特雷里奥斯省又成立了一家农业合作社——科隆尼亚·克拉拉基金会（Fondo Comunal De La Colonia Clara），在某种程度上说，这是该省合作运动的核心力量。1905 年，第一家棉花农业合作社创建于查科省的玛格丽塔贝伦镇。1913 年，第一家葡萄酒酿造合作社在里奥内格罗省的罗卡将军镇成立。1915 年后，第一家果蔬合作社在恩特雷里奥斯省的康科迪亚镇成立。1926 年阿根廷第一部《合作社法》颁布之后，布宜诺斯艾利斯、圣菲、科尔多瓦、恩特雷里奥斯、拉潘帕、查科等地的农业合作社运动得到了进一步发展和巩固。如果说第一次世界大战导致了初级农产品销售的困难，那么 1929 年出现的经济大萧条进一步减少了市场机会，农产品出口模式发生变化。为应对经济新形势的挑战，阿根廷各地的小规模农业生产者组织起来形成合作社，共同面对国际市场，许多合作社都关注农产品的市场营销，涉及全国许多地区的主要农产品。

20 世纪上半叶，随着合作社的迅速发展，阿根廷出现了第一批合作社联合会（或称"二级合作社"），即由几家一级合作社组成的更高一级的合作社。1913 年，阿根廷第一家合作社的联合体——恩特雷里奥斯省的"合作社联合会"（现名 Federación Entrerriana de Cooperativas，FEDECO）在卢卡斯·冈萨雷斯镇成立，打破了合作社之间的孤立状态。该联合会由 5 家农业合作社和 1 家农业保险合作社共同创建，旨在解决这些合作社共同面临的问题。1922 年，中部地区农村合作社协会诞生于圣菲省的罗萨里奥市，该协会联合了圣菲和科尔多瓦两个省的农业合作社。如今这个协会被称为"阿根廷合作社协会"（Asociación de Cooperativas Argentinas，ACA），这一组织极大地促进了一级合作社的整合过程，其模式迅速在全国推广。1928 年，第一家农业合作社联盟在圣菲省的埃斯佩兰萨镇成立。十年之后，阿根廷 SanCor 乳品公司合作联盟在圣菲省的桑查莱斯地区诞生。1934 年，查科省的 16 家农业合作社组建了棉花农业合作社联盟（UCAL）。1939 年，米西奥内斯省的十几家农业合作社组建了农业合作社联盟，共同采购合作社仓库所需的物资，带动合作社成员的产品商业化，促进农业产业化发展。以上列举的协会、联盟或联合会都属于阿根廷第一批成立的二级合作社，它们对 20 世纪全国农业和畜牧业的快速、稳定发展起到了至关重要的作用。这些二级合作社中有许多后来都加入更高一级的合作社——农业合作社联盟（CONINAGRO）。CONINAGRO 于 1956 年成立，作为三级合作社组织它主要联合了 10 个合作社联合会。

到了 20 世纪下半叶，阿根廷合作社在经历了一段的繁荣时期之后，出现了 30 年停滞不前的情况。1956 年，第三级合作社 CONINAGRO 的建立标志着阿根廷农业合作社运动达到了历史的顶峰。从 1972 年开始，农业合作社数量及其成员数都出现显著减少（表 6-2）。20 世纪 80 年代以来，阿根廷政府一直将合作社视为重要的政策工具，因为它们能够捍卫社会成员的利益，并促进社会经济的发展。在国家政策的支持下，农业合作社在阿根廷农业经济活动中始终保持着重要地位。进入 20 世纪 90 年代，农业合作社又面临了新的经济形势。1988—2002 年，全国范围内的小型农场减少了 20.8%，而农场的平均规模却有所扩大；同时，大量中小型农业生产者出现了债务危机，导致农业合作社的数量及其成员数出现大幅减少。如表 6－2 所示，1994 年农业合作社的数量为 813 家，成员总数仅为 92 968 个。此外，随着新自由主义十年的经济管制放松，有些农业合作社逐渐失去了其作为规范组织的特征。阿根廷国家社会经济研究会（INAES）的统计数据显示，1995—2003 年，全国农业合作社有348 家已停止活动，仅有 178 家登记注册。同时，由于公共政策的推动，90 年代的农业合作运动出现了新的动力，使合作社与股份有限公司有相同的特征。2013 年，阿根廷全国农业合作社的数量为 835 家，说明农业合作运动停滞不前的状态持续存在。

表 6－2　1937—2013 年阿根廷农业合作社数量及成员数量

年份	合作社数量（家）	成员数（个）
1937	278	42 182
1946	489	84 104
1951	943	181 070
1955	1 484	325 024
1966	1 374	455 023
1972	1 437	460 729
1985	1 282	459 372
1994	813	92 968
2013	835	122 710

资料来源：Le coopérativisme agricole argentin, du xixe siècle aux défis contemporains José Martín Bageneta, Texte traduit de l'espagnol par Patricia Toucas - Truyen Dans RECMA 2017/4 (N° 346)，p：81.

从以上的发展历程来看，阿根廷的农业合作社是在市场经济条件下产生和发展起来的，初建时期规模较小，随着市场竞争日益激烈，合作社组织逐步壮大起来。近些年合作社数量没有增加，但规模扩大了。合作社之间加强联合，跨区域发展，进一步增强了合力，使得阿根廷的农产品在国际市场上获得了竞争优势。

第三节　国家对合作社的政策法律支持

阿根廷合作社能够顺利发展，一方面得益于它们通过改革，不断调整自己，以增强市场竞争能力，另一方面得益于国家的政策支持和法律保障。

一、合作社的法律保障

有关合作社的第一部法律规定出现在 1889 年修订的《商业法》中。这部法律表达了对合作社事宜进行立法并确立其基本要求的意愿。1919—1921 年举行的合作社大会通过了重要决议，为制定国家合作立法创造了有利环境。1926 年 12 月 20 日，阿根廷颁布了第一部《合作社法》，这是适用于所有类型合作社的一般法律，它在国家政策框架内赋予合作社合法地位，这部法律为合作社解决实际的社会、经济问题提供了方案，并保障它们在相关领域开展活动，从而为合作社的发展提供了强大的支撑。在该法颁布后的几十年内，合作社的地位得到了巩固，各类合作社的入社成员数量一直保持正常的增加趋势。40 多年后，阿根廷对《合作社法》进行了修订。1973 年 5 月 2 日，颁布了新的《合作社法》（第 20337 号法律），形成了较为完整的合作社法律框架。自新合作社法颁布以来，相关法律条款不断修改和更新。例如，1985 年 1 月 31 日，更新了合作教育和培训基金目的的条款；1994 年 9 月 29 日，修订了关于信用合作社的条款；1996 年 3 月 18 日，补充了关于国际营销公司的条款；1999 年 4 月 22 日，调整了合作社保险实体的标准；2002 年 12 月 23 日，更新了合作社开展医疗和药品协助服务范围的条款；2009 年 3 月 18 日，更新了关于合作实体的会计风险和审计程序的条款；2012 年 10 月 24 日，更新了关于认证程序的条款；2017 年 7 月 11 日，修改了关于劳工合作社的条款；2019 年 5 月 21 日，更新了关于合作社提交统计信息的条款；2020 年 4 月 24 日，更新了关于合作社资助项目的条款。

二、合作社的政策支持

进入 21 世纪，阿根廷政府通过两种政策措施支持合作社运动的发展。第一种政策措施是通过以下两种方式支持大中型农业合作社发展：①实施合作社出口农产品的最低配额；②向二级合作社或联合会提供金融支持，而二级合作社或联合会又为其一级合作社提供金融支持。这一政策的实施推动了农业合作社的发展，并促进了它们积极参与到对外贸易中。第二种政策措施是鼓励小生产者或小农户参与合作运动，因为他们往往是被边缘化的社会经济群体，应该提高他们的组织化程度，增强发展经济的实力，并保护其利益。政府通过向合作社和农户协会提供不可退还的捐款，鼓励小生产者或小农户组建合作社或农户协会。这一政策的实施促使各地出现了大量的农业合作社和农户协会，然而其中符合法律规定的合作组织比例很小。据统计，2001—2010 年建立的该类合作社有 1 000 家，但其中有 60％属于非正规组织。这个事实起到了警示作用，它促使一些官员、专家和其他社会人士调查其中的原因，他们的主要调查结论是，这种政策措施虽然注重了宣传，但没有注重实际效果。一方面，许多合作社的成立只是为了获取大量的扶持资金；另一方面，政策的主要手段是补贴，没有充分考虑到合作社可持续发展的条件。

通过研究成功的案例，政府发现合作社可持续发展的条件主要有以下几点：有足够的规模，达到一定的效率水平；有足够的资金，以满足企业发展的需要；能够创收，以确保成员对合作社的承诺；制定关于生产、经营的发展计划；确保合作成员接受一定程度的教育，使其能够应用相关技术，遵守农产品安全生产规范，能够使用信息和通信技术；巩固合作成员之间的合作关系。面对经济频繁波动和竞争日趋加剧的新形势，阿根廷政府还鼓励合作社通过组织创新、业务扩展来应对难题和挑战。

未来，在经济全球化、经济运行不稳定的背景下，如何保持和提高农业合作社的市场经济地位，如何保障中小生产者和合作社的利益，如何协调成员与合作社的利益关系，这些都成为阿根廷合作社面临的难题。

第七章 CHAPTER 7

阿根廷农业科技创新与推广体系 ▶▶▶

第一节　农业科研机构构成及运行机制

阿根廷的农业机构框架是农业工业部负责农业政策的管理、制定和实施。农业工业部主要由 5 个机构组成：国家农业技术研究所（INTA）、国家农业食品健康和质量服务局（SENASA）、国家种子研究所（INASE）、国家葡萄栽培研究所（INV）和国家渔业研究和发展研究所（INIDEP 和 Desarrollo Pesquero）。这些机构在财务和政治上是独立的，但必须接受农业工业部的指导，并向农业工业部报告。

国家农业技术研究所（INTA）是重要的机构，主要功能是农业研究与开发以及推广服务。INTA 为各种各样的农民服务，从为自己消费生产的农民到为国际市场生产的农民。INTA 在知识的产生和转让中发挥了关键作用，并遍布全国。然而，近年来，其主要活动已转向在国家和省两级实施由不同部委资助的社会农村政策。这可能会影响其提供创新服务的有效性。

国家农业食品健康与质量服务局于 1996 年正式成立，具有财务自主权，并由预算拨款和向农民收取的服务费来供资。主要功能是计划、监管、执行、认证农业生产过程和产品，并在初级生产的不同阶段实施动植物健康、食品安全、卫生和质量、产品安全性及相关投入的控制、加工、改造、运输和贸易。

国家种子研究所（INASE）最初成立于 1973 年，其主要功能是促进种子的高效生产和商业化，同时保证所获得种子的特性和质量，并保护种子的产权。主要目标是：解释和适用《种子法》和《植物遗传创造法》；行使因实施而产生的执法；在遵守阿根廷签署的任何相关协议的前提下，为拟播种、播种或繁殖的任何植物器官颁发国家和国际认证；保护和注册种子以及植物遗传和生物技术创造的知识产权；提出并应用有关种子身份和质量的法规。

葡萄栽培研究所监督葡萄和葡萄酒生产、工业化和商业化的技术控制以及乙醇和甲醇的生产、流通和贸易的控制。

渔业研究所是根据第 21673 号法律创建的机构，从事渔业研究和开发，为阿根廷海洋渔业的发展、使用和保护创造并调整了知识、信息、方法和技术。

第二节　农业技术推广机构构成及运行机制

基层农业技术推广的基本目的在于引导农业技术人员或当地农民不断接受目前全新的农业技术手段，运用现代化农业生产技术措施来促进生产实践。阿根廷不断深化农业技术推广体系建设和人才培养工作，建立了功能完备、运转高效的农业技术推广体系，调动了农技人员的积极性、主动性、创造性，激发了农技推广体系活力，促进其现代农业绿色高质量发展。

阿根廷农业的一个特点是其结构的二元性，反映在潘帕斯地区与其周围地区之间的差异。潘帕斯地区出产阿根廷大部分谷物、油料种子和牛肉。它的特点是规模大、高产、以出口为导向、具有与国际市场相关的发达的价值链。阿根廷的其余地区——南美大草原周围的地区，被称为"地区经济体"，生产水果和蔬菜以及其他农产品，如葡萄酒、烟草、棉花或糖。这些区域经济体的生产率水平相对较低，价值链的动态性较低。针对不同的地区和农业产业分布情况，阿根廷农业推广机构的具体分工也存在较大的差别。

阿根廷的农业技术推广机构除了官方机构还有众多非官方组织或者机构，例如协会、公司、合作社、联合会等。其中，主要的研究和推广机构之一为国家农业技术研究所（INTA），执行农业政策和服务，具有一定的政府执政权力，主要功能是农业研究与开发以及推广服务。

联邦农业委员会（CFA）旨在改善与各省农业工业部门的对话，优先考虑和解决地方、区域和国家各级的问题，并提供支持和技术合作，促进国家和省级当局之间的对话，是国家行政部门咨询服务和部门协调机构。它设有 5 个区域委员会：西北、东北、新库约、南美大草原和巴塔哥尼亚。CFA 的主要工作有：制定适用于联邦的立法计划和行政法规；确定促进区域经济（潘帕斯地区以外的农业生产）的手段；针对省、地区和国家发展的公共政策的战略设计；按价值链定义生产策略。

阿根廷实验性地区农业协会（AACREA）分享不同生产系统上的经验，创建了第一个农业试验区域联盟（CREA），通过提供技术援助和知识共享来帮助其成员在经济和环境方面变得可持续。此外，它还促进成员之间测试和采用新技术，通过不断分享和交流，使农业技术得到推广和普遍使用。

南方农业联合会（CONINAGRO）是一个由 10 个合作社联合会组成的组织，该联合会又代表 12 万名农民，主要目标是在与农业生产合作社有关的所有问题上与政府直接联系。这些合作社照顾其成员的经济利益，并提供不同类型的服务，例如金融、推广、营销服务等。

阿根廷直接生产协会（AAPRESID）是一个非营利、非政府组织，由农业生产者网络整合而成，采用并推广免耕生产系统。阿根廷直接生产协会是阿根廷传播和采用免耕技术的关键参与者和推广者，其主要目标是通过创新网络知识管理来促进食品、纤维和能源的可持续生产。阿根廷直接生产协会促进知识交流，向生产者开放其领域，以观察生产系统，参加技术试验，保持牢固的国际联系，并与公共和私人组织互动以实现该行业的整体发展，达到推广先进农业技术的目的。

另外，阿根廷对外国直接投资规则的自由化促进阿根廷的外国投资者的技术和管理知识与当地的农业更好地结合和传播，放松对技术转让协议的管制，进一步刺激阿根廷农业技术现代化进程和推广使用。

基层农业技术要想实现全面推广的良好效果，必须建立在推广制度体系完善的前提下。根据阿根廷各类农业技术推广机构的情况，不仅依靠官方政府的推广，还应该增加民间组织加入推广的大军，以充分保证广大农户具备良好的业务素质，实现推广全新农业生产手段的重要实践意义。

第三节 阿根廷农业科技创新体系的特点

2007 年，生物技术在阿根廷农业领域得到了广泛的使用，种植的大豆 83% 是转基因耐除草剂的大豆，种植的玉米 13% 是转基因玉米。不同品种的大豆和玉米基本是阿根廷最重要的转基因作物。转基因大豆在经济上和种植面积上都对阿根廷的大豆生产产生了深远的影响，从 1996 年到 2005 年，累积的总效益接近 2 000 万美元。

在阿根廷，农业科技一直以来很受重视。数据显示，1996—2005 年，每年用于研发的资金占阿根廷国内生产总值（GDP）的比例在 0.39%～0.45%，其中有 65%～70% 来自政府。另外，美国等国外私营企业对阿根廷的研发投资从 1990 年开始增加，到 1996 年达到 420 亿美元。这些可以表明，阿根廷农业科技创新是在花费大量资金的基础之上才不断发展的。

阿根廷有一套广泛的国家和私营机构，在整个经济中促进科学、技术和创新（ST&I）活动。农业创新出现在这一复杂结构中，反映了农业部门在阿根廷经济中的重要性。ST&I 系统的结构高度分散，许多机构都有自己的供资机制，导致不同部门之间的联系薄弱，而且往往造成工作重叠和脱节的现象。

ST&I 系统主要的组成机构有：科学、技术和生产创新部（Ministry of Science，Technology and Productive Innovation，MINCYT），负责政策设计和政策优先级设置（20 世纪 90 年代以来，国家科技创新计划中就有所体现）；国家科学和技术促进机构（National Agency for the Promotion of Science and Technology，ANPCYT），主要负责非金融机构债务的融资；国家科学技术研究委员会（National Council for Scientific and Technological Research，CONICET），与大学（公立、私立、国家和省级）一起构成主要的研发机构；集中于特定部门（如农业、工业、国防、航空航天和卫生）和不同类型的私营组织的一整套专门公共研究中心机构，在大多数情况下侧重于应用技术研发。

ST&I 系统组成机构是相对较新的。20 世纪 90 年代初进行的全系统审查以及随后参与者的角色变化将现有的科学和技术活动重新集中在开发已经改变生产系统的技术解决方案上。这一进程开始于实施美洲开发银行（Inter‑American Development Bank，IADB）资助的技术现代化方案（the Program for Technological Modernization，PTM），该方案在国家科学技术基金下设立了两个具体基金，即：支持科学研究的国家科学和技术研究基金（The National Fund for Scientific and Technological Research，FONCYT）和阿根廷技术基金（The Argentine Technological Fund，FONTAR）。除此之外，还建立了政策协调和利益攸关方参与机制，负责设计国家科技创新计划。

这一新兴体系的核心有两个要素，一是资金和研发项目的实施明确分开。项目的研发工作留在国家科学和技术研究委员会等机构（National Scientific and Technical Research Council，CONICET）、大学、INTA 和国家工业技术研究所（INTI），因为这些机构拥有高质量的人力资源和基础设施，利用来自 ANPCYT 的资金可以成功地实施科学研发项目。二是国家战略计划为公众参与创新体系提供了优先权。按照时间顺序，共有三个计划：1998—2000 年巩固新机构计划；2006—2010 年的"Bicentenario"计划，使 ST&I 成为改善公私伙伴关系的积极公共政策工具；正在实施的 2012—2020 年"阿根廷创新 2020"计划。这些因素促成了 ST&I 系统从一个集合体或独立从事各自优先事项和规则工作的组织向一个相互关联的系统的深刻转变，反映出人们认识到科学、技术和创新对经济和社会发展至关重要。人们已经普遍知道并认为不同的指导、协调机制和项目投资机构对经济发展是非常有效的。然而，这个新系统也存在一些弱点：第一，该系统仍然是供应驱动的，由于"需求"薄弱，仅限于参考职能和私营部门参与 FONTAR 项目；第二，除了 ANPCYT 资助的一些特殊项目外，其他项目没有正式的监管和后续机制。阿根廷政府已经建立了部门性的公—私平台，以讨论公共政策和投资协调，包括 ST&I 问题。

农业创新系统（Agricultural Innovation System，AIS）是一个相对复杂的系统，技术创新和组织机构在其中相互作用。

INTA 是阿根廷农业创新体系的基石。INTA 模型基于三个关键思想：第一，将所有农业研发活动置于一个体系下；第二，提供一个"非政治性"的资金来源；第三，通过董事会将私营部门和学术部门纳入机构决策。INTA 发展非常迅速，到 20 世纪 90 年代后期，INTA 提供了大部分农业研发能力。然而，随着 MINCYT 的成立、CONICET 中心的加强、ANPCYT 管理的项目机制的巩固以及私营部门的增长，INTA 的相对权重趋于下降。然而，它仍然是主导国家部门进行农业创新的重要机构。

农业生产者是当今创新体系的核心。潘帕斯地区的农民经营着以不同方式获取土地的现代农业生产公司。它可以是一家大型集成公司，可以是一家小型生产商，也可以是服务承包商。农业公司不一定拥有土地——大约 2/3 的公司通过租赁获得土地。农业生产者在不同地点租赁土地，以管理和减少气候风险。此外，农业生产公司将农业生产活动的相关部分外包给服务承包商。

承包商拥有最新的机械并且能提供熟练的劳动力。种子通常是购买来的，而不是在农场里自己繁育的。投入和服务供应商现在做出与生产过程和创新有关的部分决策。财政投资主要来自土地外融资者，因为投资者被农业部门的高盈利能力所吸引。竞争可以提供高质量的投入和服务，这种竞争是创新过程的一个重要组成部分。

农业服务承包商提供广泛的服务，如免耕技术、种子播种机械、栽培方法、田间管理措施、收获、储存、谷物分类和土地耕作等。他们提供了许多创新技术，如自行式喷洒机、移动的监测器和在线产量分析等，这些信息往往与通信技术应用于农业机械和专门业务管理有关。承包商在一定的管理区域内流动，提供技术服务并帮助不同农场实现农业技术水平的统一。他们不仅推广创新技术，还是直接学习过程的一部分。农业服务承包商收获了阿根廷种植的90%的谷物，负责70%的农作物的播种和农用化学品的应用。农业服务承包商还会定期更新设备，因此其购买农业机械占全国购买量的60%以上。

20世纪90年代，出现了新的融资形式，如共同基金、直接投资基金、临时收获合同和金融信托，其中大多数今天被称为播种池或资金池。这些融资形式直接弥补了阿根廷金融系统的弱点，并以强有力的技术为生产者提供资金，使他们能够将土地面积合并到最佳规模，以使用最高水平的技术。生产者通过土地租赁将其投资集中到最高技术水平的投入上。这些新的生产形式在一定程度上反映了20世纪90年代以来生产集中的过程。许多中小型传统生产者成为服务提供者或土地租赁者。

阿根廷农业创新系统（Agricultural Innovation System，AIS）具有复杂的知识和技术流动机制，涵盖广泛的活动和机构，有国家机构、国际组织和私人机构参与。INTA的农业推广体系是阿根廷国内主要的技术转让机构，它由一个负责协调技术转让的部门和一个由330多个负责推广活动的机构组成的重要培训部门组成。20世纪90年代以来，推广活动的方式开始演变，包括与传统的推广方法相结合的更为广泛的农村发展方法。农业推广的重点旨在支持发展创新能力，超越最初的技术转让和培训重点，转向农村发展、社会包容、粮食安全和自然资源的可持续管理。农业推广主要根据支持可持续农村发展联邦方案（Federal Program me for the Support of Sustainable Rural Development，PROFEDER）实施。该方案支持加强生产组织者、农民和其他参与者共享创新网络。PROFEDER目前有233个项目，有9 500多名生产者参加。

INTA还在其他国家部门的支持下推广其他项目。最为典型的是Pro Huerta推广项目。这是一项在城郊地区开展农业推广工作的重要举措，目的是改善当地家庭花园中新鲜农产品的自我消费。该项目在社会发展部（Ministry of Social Development）的支持下实施了 20 多年，并被广泛认为是一个成功的且具有高影响力的推广方案。传统的推广活动也通过遍布全国的推广机构网络继续进行。

AIS 的一个特点是促进创业和创新的私人联合倡议，特别是 AACREA 和 AAPRESID，在促进创业和创新方面发挥了重要作用。

阿根廷农业试验区域联合体协会（Argentine Association of Regional Consortia for Agricultural Experimentation，AACREA）是 1960 年按照法国农业技术试验联合体（Consortia for Agricultural Technology Experimentation，CETA）模式发起的一个农民组织。这是一个由农民企业家组成的私营组织，旨在分享经验和知识，以提高农场的盈利能力和可持续发展能力。它由 226 个团体组成，包括 2 000 多名生产者，分布在 18 个地区，约有 400 万公顷土地，涵盖大多数的农业活动。每个小组由 10 至 12 名成员组成，每月由一名协调员领导开会，聘请技术人员提供技术咨询。AACREA 开展科学研究和实验，以找到解决农业具体问题的有效技术。它通常也向非成员开放并提供技术培训，将成员的经验免费提供给非成员；将技术推广到更为广泛的地方社区。

阿根廷免耕农业协会（Argentine Association of No－till Agriculture，AAPRESID）是一个非政府组织，它将农业生产者和技术人员聚集在一起，旨在追求农业可持续发展。该协会成立于 1989 年，最初专注于推广免耕农业。其主要的任务是通过创新、科学和知识网络促进食品、纤维和能源的可持续生产。此外，该协会还努力促进可持续生产技术的发展。该协会认证的农业方案是基于良好农业做法和原则的可持续农业的一个组成部分。它的查克拉斯（Chacras）系统致力于对现有知识进行试验，并使之适应特定地区的生产需要。AAPRESID 还与包括 INTA 在内的各种国家和私营的组织进行合作，积极为阿根廷可持续农业发展做出贡献。

合作社体系在阿根廷有着悠久的历史，为合作社的成员提供多样化的服务。粮食和畜牧部门都有合作社，它们为农业生产提供投入和服务。粮食合作社主要任务是提供带有升降机设备的谷仓、农业投入和技术咨询。乳制品部门和一些其他部门也有合作社。

知识产权安全体系是任何农业信息系统的主要资产。该体系不仅激励了农业技术的研发，还在激励措施与创新获得以及技术采用之间建立平衡。阿根廷在签署《与贸易有关的知识产权协定》（Trade Related Aspects of Intellectual Property Rights，TRIPS）之前就已经开始讨论植物品种的知识产权保护问题。1973 年批准的《种子和植物遗传法》第 20.247 号法案（Seeds and Phytogenetic，Act 20.247）允许对植物育种者获得的植物新品种进行长达 20 年的法律保护。此外，还正式通过了 1978 年的国际保护植物新品种联盟协定（International Union for the Protection of New Varieties of Plants，UPOV），并补充了一项新的有关知识产权的保密法（第 24.766 号法律）。阿根廷对专利的要求十分严格，采取了"平衡"的预防措施：一方面严格控制对专利申请的条件，另一方面充分保护已经申请的专利。该法采用 UPOV 78 模式来保护种植者的权利，没有双重保护和广泛的例外。

第四节　阿根廷农业科技推广发展的经验

阿根廷农业得到迅速发展得益于因地制宜的政策法规、先进的农业科技、政府和企业协会的优势互补、相对专业的农业服务体系以及多样化的农业推广模式。

制定符合当地的农业政策，通过合理的政策或者法规，给农业发展提供一定的支持，从而使农业产业链中的生产者、参与者、受益者得到稳定发展的保障。建立创新体系，创新是第一生产力，现代农业的发展必须依靠创新，培养创新意识，加大创新力度，提高创新水平，鼓励创新成果。对于大学、研究所等具备科研创新能力的单位，提供经费支持，鼓励创新，研究新的农业科学技术。

完善的农业推广体系，先进的农业技术需要与生产实践结合，在此过程中需要农业推广，增加新农业技术的接受度和使用次数，从而使广大农事活动参与者运用并反馈运用的情况，再根据实际情况完善技术设备。

增加农业发展的竞争性。阿根廷农业迅速高质量发展的一个重要因素是私人企业较多，竞争较大，存在优胜劣汰的现象。竞争现象的出现导致农业科技、农业服务水平等多方面得到显著提升并且可以很好地与农业相结合。

第八章 CHAPTER 8

阿根廷都市农业与休闲农业 ▶▶▶

第一节　阿根廷休闲农业

休闲农业是农业和旅游业相结合产生的新型产业，目的是为都市居民提供休闲服务，从而获取大于单纯农业生产的经济效益。休闲农业最早起源于19世纪的西方发达国家，其产生以1865年意大利"农业与旅游全国协会"的成立为标志，至今已经有140多年的发展历程。1945年后，随着各国工业化、城市化进程的加速推进，城市人口快速增长、集聚，带来了交通拥堵、环境污染等问题，与此同时社会竞争日益激烈，人们的工作压力、生活压力与日俱增。而休闲农业具有的郊野、农场、森林等资源正好满足了都市居民放松身心的渴望和需求，在此背景下休闲农业获得了快速的发展。但国际上并未对休闲农业的概念达成明确共识，各国因侧重点不同出现了各种称呼，常见的有 rural tourism、agri - tourism、farm tourism、village tourism、green tourism 等。在阿根廷等美洲国家多采用乡村旅游（rural tourism）的概念，在此本书不做概念的区分，将上述相关概念均翻译和理解为休闲农业。

一、阿根廷旅游业和休闲农业的基本情况

（一）阿根廷旅游业发展的基本情况

阿根廷有许多世界著名的传统旅游景点和名胜古迹，比如绵延两千米的伊瓜苏大瀑布、风景如画的乌斯怀亚城市、被联合国列为世界文化遗产的圣伊格纳西奥耶稣遗址、南部的莫雷诺冰川、著名的安第斯山以及南部大西洋沿岸的海滨城市成为避暑度假的优选，吸引了越来越多的世界游客。2000年初期，

阿根廷官方的统计显示，阿根廷的旅游业收入超过 70 亿美元，并提供了 38 万人的就业岗位；2005 年以来，阿根廷旅游业保持了年均 5% 左右的增长速度，是阿根廷国内经济增长最快的行业之一。2016 年的资料显示，到访阿根廷的外国游客多达 600 万人次，创造的外汇收入约为 45 亿美元。2018 年阿根廷的国外游客增长到了 700 万人次，通过海陆空抵达阿根廷的全部游客人次均较 2017 年有所增长，其中航空入境游客 276 万人次，比 2017 年增长 7.5%；海上游客 1 037 万人次，比 2017 年增长 0.4%，陆地游客 3 145 万人次，增长 1.1%；游客到访人数的增加说明阿根廷与世界的连通性和旅游业的竞争力在不断增强。从游客来源国看，2018 年阿根廷来访游客中来自巴西的有 1 318 148 名（较 2017 年增加了 6.2%），来自智利的有 10 826 名（同比增加 5.6%），来自美国和加拿大的有 480 338 名（同比增加 8%），来自欧洲的有 939 038 名（同比增加了 3.3%）。2018 年阿根廷酒店入住率调查结果显示，全年有超过 2 000 万名的游客住宿，占据了 4 800 万个床位，酒店总收入达到了 566.88 亿美元，同比增长 46%，创下了新的历史纪录，这意味着阿根廷旅游业对国民经济做出了巨大的贡献，同时创造了更多的就业机会。当前，旅游业已成为阿根廷的四大支柱产业之一和第二大出口收入来源。为了推进旅游业的快速发展，阿根廷实施了行业创新和产业整合，依托有利的自然资源推出了乡村旅游等项目，极大地促进了休闲农业的发展。

（二）阿根廷乡村旅游业发展的基本情况

阿根廷的休闲旅游业以乡村旅游业为主。位于阿根廷中部地区的潘帕斯草原，面积达 78 万平方千米，这里天高云淡、牛羊成群、风景旖旎，有着发展乡村旅游业得天独厚的自然条件。潘帕斯草原拥有成千上万个美丽的农庄，很多农庄仍保留着高乔牧民特有的民俗文化，像一颗颗耀眼的明珠，散落在碧绿的大草原上。

2001 年，阿根廷爆发了金融危机，为振兴乡村经济，阿根廷开始制定和实施新的乡村旅游发展规划，将乡村旅游和促进农村经济、社会发展有机结合起来，使之成为国民经济发展中一个新的亮点。在政府部门的积极推动下，阿根廷旅游部门相继推出了"南美土著部落""马背上的阿根廷""农庄生活""乡村美食""乡村手工制作"和"乡村节日之旅"等乡土气息浓厚、内容丰富多彩的旅游项目，吸引了众多国内外的旅客。

乡村旅游业的蓬勃发展，为农牧业生产者提供了极好的发展机会。阿根廷农业国务秘书处的资料显示，乡村旅游业的发展一方面增加了农牧业生产者的收入，创造了大量的就业机会，同时还有力助推了乡村产业的快速发展，为摆脱经济危机和贫困做出了巨大贡献。另一方面，乡村旅游业的发展，有利于阿根廷的环境保护，带有家庭色彩和浓重文化底蕴的乡村旅游业还提升了阿根廷的文化价值，使牧民们更加热爱自己的家庭和农牧生活。

二、阿根廷促进休闲农业发展的主要政策措施

金融危机期间，为全面推广乡村旅游计划，阿根廷旅游等相关部门在全国20多个省、44个城市举行了旅游展览和各类专题研讨会，并为从事乡村旅游的个人和团体提供优惠贷款和各类补贴，为农牧业生产者提供乡村旅游方面的知识培训，同时成立了阿根廷乡村旅游官方网站，鼓励所有的农牧业生产者加盟。近几年来，阿根廷旅游业呈现快速发展的趋势，在国民经济中的地位也越来越重要，为此政府出台了很多具体政策，客观上促进了阿根廷休闲农业的发展。

（一）促进旅游业与食品制造业的融合发展

2019年，阿根廷的旅游业和农用工业（食品制造业）之间签订了合作协议，目的是在阿根廷全国各旅游地区大力推广优质食品。这也是阿根廷旅游和农用工业两个组织一直在进行的合作计划的一部分，主要目的是通过旅游活动促进阿根廷食品消费量的增长以及国际社会对阿根廷食品的认可度，以共同促进食品生产增值，并重塑具有美食身份的阿根廷旅游胜地。

这一合作协议将评估阿根廷每个地区的农产品和典型菜肴，在此过程中，食品和生物经济秘书处将在技术上协助旅游事务秘书处制定质量标准以及涉及食品旅游的具体建议。为促进该协议生效，同时任命了农用工业和旅游业的两位技术代表，共同执行一个联合工作的时间表。这一计划将会积极促进阿根廷乡村旅游业的发展，也将成为未来最受欢迎的模式。

（二）优化互联网，助推旅游业发展

2018年，阿根廷实施了针对全国194个地区互联网优化的"旅游连接计

划"，受惠的城镇包括塔菲德尔瓦莱、普尔马马卡、圣卡洛斯·德巴里洛切、佩里托·莫雷诺、安格斯图拉别墅、卡法亚特、埃尔博尔松、拉基亚卡、圣马丁德洛斯安第斯、圣拉斐尔、康科迪亚、巴拉那、伊瓜苏港、伊斯拉马丁·加西亚（Martín García）的"地道村庄""海岸生态旅游走廊""40 号公路"和"安第斯走廊"等。

阿根廷旅游部长桑托斯表示："我们正在努力使每个旅游目的地都可以使用优质的互联网，使阿根廷旅游景点能像世界大多数旅游景点一样，在宣传和营销中以在线的形式执行，从而享受均等的竞争机会。给越来越多的阿根廷人提供了工作机会的旅游业，已成为阿根廷的经济引擎之一，因此为促进阿根廷旅游业持续健康发展，必须提高阿根廷和世界的连通性，其中高质量的互联网不仅有助于缩小数字鸿沟，还能保证所有地区在相对平等的条件下发展生产力。"

"旅游连接计划"旨在通过免费的 Wi-Fi 点、4G 部署和固定宽带促进旅游业的增长，使居住在旅游地点的 460 万阿根廷人和全部游客受益。作为该计划的一部分，将有 60 个位置连接到联邦光纤网络，并且将优先考虑对 21 个仍没有移动连接服务的地区进行 4G 部署工作。此外，还将为 24 个城镇、116 个旅游信息中心和 15 个标志性节日地区提供免费 Wi-Fi，例如国家传统节（圣安东尼奥·德·阿雷科，布宜诺斯艾利斯），国家啤酒节（科尔多瓦）等。这一项目是《国家连通性计划》的一部分，其目标是要达到：第一，通过对 3 500 000 次访问进行技术更新，使阿根廷的固定 Internet 访问速度超过 20 Mbps；第二，使接入互联网的人数增加 200 万人，覆盖 80% 以上的家庭、学校和市政当局；第三，在所有地区和国家路线中 100% 覆盖 4G；第四，改善所有 ICT 服务的覆盖范围和质量；第五，实现阿根廷人的数字包容性。

（三）完善交通运输，保障旅游业发展

交通运输对于旅游业的发展至关重要，因此阿根廷正在致力于改善交通运输的基础设施，使旅行更加安全、便利。同时，在服务方式上阿根廷也在积极推进转型，完善交通运输的相关管理措施，以期简化并促使汽车运输部门适应新时代需求，能够提供更多优质的现代化服务，而其他旅行方式可以更好地对其进行补充。

监管方面的完善表现在，推进交通运输非官僚化和现代化，以促进旅游业

发展，提高服务质量和竞争力；其中必要的过程将更简单、更灵活。这样，企业家就有更大的发展可能性，旅行者也有更多的安全感。这些变化之一是在已经关闭了 17 年的国家旅游登记处为新的经营者开放注册，国家运输管理委员会（CNRT）正在推进程序的数字化和简化，通过远程平台在线执行程序，使布宜诺斯艾利斯的集中服务联邦化；该程序另一个后期措施是遵循在线支付方式，CNRT 在 2018 年的全部付款实现了在线支付。

（四）实施税收和信贷支持，支撑旅游业发展

作为整个拉丁美洲第一个旅游胜地的布宜诺斯艾利斯，旅游业增长潜力巨大，95％的外国游客是通过布宜诺斯艾利斯进入阿根廷的，所以其已成为整个国家旅游的一个门户，对于宣传阿根廷旅游业、阿根廷文化起到了积极的推动作用。因此布宜诺斯艾利斯针对酒店实施了一系列税收优惠措施，2018 年公布的新法案能够使酒店业受益，除税收优惠外，法案中还涉及促进免税优惠的酒店的新建、改建和扩建，为期十年。具体而言，如果是建筑工程，且酒店位于南部地区，信用额度为 10％＋5％；如果是改建项目，则信用为 40％，若所有者是 SME 或 APH（历史保护区）场所，则再上浮 10％。

2018 年，国家旅游部和布宜诺斯艾利斯省银行启动实施了"中小企业旅游贷款专项"，为私人投资提供信贷支持。融资旨在投资和获取具有国家本源的新资本品，用于建设、扩建和翻新设施，也可用于与节能相关的改革或安装可再生能源，为服务提供有关的家具、家用电器和设备的购买。此外，还可用于为旅行社提供服务的车辆、轮船和其他交通工具的购置。最高投资额为 600万比索，与投资相关的营运资金，最高为融资额的 20％；修正后的私人银行利率为 26.75％（2018 年 6 月），MINTUR 奖金为 3、5 或 7 个百分点，结果利率为 19.75％～23.75％。阿根廷正在通过不同的融资方式制定私人投资政策，旨在促进资本的融合，创造新的投资机会，发展旅游项目，创造就业机会。

（五）开展长途车票折扣活动，助力旅游业发展

2018 年，阿根廷实施了长途车票折扣 30％的优惠活动，票价折扣是针对长途巴士的公开发行价。要享受折扣，必须在目的地入住两晚或以上。此项折扣活动的目的是在阿根廷全国范围内促进淡季旅游业的繁荣。这项促销活动以

及正在实施的基础设施建设、阿根廷高速公路建设、加强对非法运输的管制等将帮助越来越多的人实现乡村旅行，从而在全国范围内扩大就业机会。

三、阿根廷休闲农业的主要模式——农庄旅游和酒庄旅游

（一）阿根廷的农庄旅游模式

1. 阿根廷的农庄

阿根廷开办旅游的农庄或庄园大多都具有悠久的历史，有些已经有上百年乃至几百年的历史。这些农庄或庄园既有普通农牧民的宅院，也有历史名人、将军、富豪或总统等达官显贵的私人别墅，因为旧主人的身份、地位、国别等各不相同，这些庄园的建筑风格迥异。普通农牧民经营的庄园面积不大，向游客展示了过去不同时代普通农村家庭的传统风貌。这些历经漫长历史变迁的小庄园，很多还保留了其原有的历史特色：古朴的陈设、各种旧式的生产工具、牛栏、仓房、酒吧等一应俱全，都体现着当时的农村风貌，成为阿根廷历史文化遗产的重要组成部分。有些大的庄园，以 19 世纪 50 年代阿根廷总统乌尔基萨的庄园为例，它位于恩特雷里奥斯省，占地达数十公顷，规模庞大；其宫殿式的建造显得非常奢华和大气，建筑材料大多来自法国，华丽程度可以媲美欧洲王室宫殿。

2. 农庄旅游项目

阿根廷的农庄旅游模式种类很多。有面向国外游客的大庄园、有专门为本地游客准备的休闲度假型庄园，还有临近山区或大海等地的一些特色农庄。在首都布宜诺斯艾利斯周边数百千米范围内就有许多面向国外游客的大农庄，提供多样化的服务项目：游客可以乘坐马车或者骑马参观游览庄园；体验养牛养羊、制作奶酪、耕种收割等农事活动；观看圈牛、驯马等农牧生产表演，或者观看具有地域风情的民间舞蹈和探戈表演等。比较大的农庄设有客房，可以满足几十位甚至上百位游客的住宿需求。

另一种是专为本地人休闲度假准备的休闲型农庄，这种农庄一般以休息或体育运动为主，不设歌舞表演、农事体验等项目。在这类休闲型农庄中，各种运动设施如足球、排球、篮球、台球、网球、泳池等一应俱全。农庄一般有大片的森林、湖泊等，湖光山色、风景优美，实为休闲度假的胜地，这些农庄还适合与康健、养老等产业相融合。

还有一些特色农庄，毗邻山区或河湖，利用其区位优势和资源禀赋开展一些特色旅游项目。比如，在安第斯山区的一些农庄就利用地理上的优势，开展登山探险等旅游项目，为游客提供车辆、服装鞋子、马匹用具的同时，还有专人为游客提供培训、导游和安保等服务；临近大海或河湖的农庄会开展丰富多彩的水上旅游项目。

此外，农庄旅游一个诱人的项目就是品尝阿根廷的特色烤肉。餐厅一般由旧仓房改造而成，餐厅内的陈设也古朴自然，游客们围着原木桌子品尝传统的炭火烤肉。餐后，在激昂的乐曲中，游人纷纷入场，与身着牛仔服的农庄服务人员一起载歌载舞。

（二）阿根廷的酒庄旅游模式

阿根廷的气候和土壤条件特别适合葡萄种植，2017 年的统计资料显示，阿根廷的葡萄种植面积约有 22 万公顷。以葡萄种植为基础，葡萄酒产业在阿根廷非常发达，是世界五大葡萄酒生产国之一。阿根廷有 1 200 个酒庄，已经有 300 多个为旅游业提供服务；阿根廷的酒庄非常多，拥有全球 100 个顶级酒庄中的 11 个，生产的世界级优质葡萄酒品牌多达 22 个。葡萄酒产业的附加值很高，为振兴阿根廷乡村经济和发展旅游业提供了产业支撑。统计显示，2013—2018 年，阿根廷葡萄酒旅游业呈大幅增长趋势，其中阿根廷向旅游业开放的酒庄数量增长了 23%；参观酒庄的游客增长了 17%。从游客来源看，国内游客主要来源于布宜诺斯艾利斯（39%）、科尔多瓦（18%）、圣菲（10%）、门多萨（6%）和图库曼（3%）等地；国外的游客市场主要有巴西（31%）、美国和加拿大（27%）、法国（7%）、智利（5%）、英国（5%）、欧洲其他地区（6%）。

阿根廷西部的门多萨是葡萄酒的主要生产区，拥有数千个大小不一的葡萄酒庄。2000 年以来，门多萨政府围绕葡萄酒庄众多的资源优势，深度开发旅游项目，打造了一条完善的酒庄旅游产业链，从参观葡萄种植园、学习调配不同口味的葡萄酒、举行葡萄酒品鉴会到品尝酒庄的私家菜和优质的葡萄酒、住宿等，大大提升了葡萄酒的销量和其文化附加值。近年来，门多萨的生态旅游项目日渐兴起，一些经济实力较强的酒庄在安第斯雪山下购置土地，修建高档餐厅和高级专属酒店，将休闲旅游、疗养度假、品尝葡萄酒和特色美食融为一体，这里的顶级酒店每晚住宿费就高达 1 000 美元，带来了丰硕的旅游收入。

更具创意的是，一些大型酒庄实行投资会员制，会员通过投资酒庄就可以获得以其名字命名的葡萄种植园，种植园产出的葡萄所酿造的葡萄酒也可以以投资者名字命名，酒庄还可以为外国投资者提供海外配送业务。

总之，阿根廷以农庄和酒庄为依托的产业融合极大促进了阿根廷乡村旅游业的快速发展，成为推动阿根廷旅游业发展的重要动力。

第二节 阿根廷的都市农业

一、国际都市农业的基本理论和发展趋势

（一）国际都市农业提出的背景

都市农业的产生是与城市发展相伴而生的。国际上现代大都市发展过程中，其集聚与扩散功能的双向运动客观上推动了大城市不断向周边扩张，使得中心城区与周边地区共同构成了内部相互关联、具有一定空间层次、具有地域分工和景观特征的大型地域综合体，即大都市。这些区域的农业具有特殊的区位优势，一方面，城市的资金、技术、人才等生产要素会渗透到周边农业，对农业的生产、经营、文化等产生影响；另一方面，都市居民对周边农业的生产、生活、生态等多元需求日益增长，推进了都市农业的快速发展。为此，西方许多国家开始探索建设"田园城市""市民乐园""花园城市""生态城市"等各种有农业的城市。20世纪80年代以来，日本、韩国、新加坡等国家的新兴城市崛起，带动了都市农业的快速发展。1992年联合国发展计划署联合其他国际组织成立了"都市农业发展支持组织"（SGUA），致力于在全球范围内研究和推广都市农业理念，客观上促进了都市农业的发展。2004年，在加拿大国际发展中心和荷兰国际合作部等机构的支持下成立了"国际都市农业基金会（RUAF）"，为都市农业的国际推广提供了重要的组织保障。目前RUAF基金会在全球已设立7个区域性中心，为各国都市农业的发展提供各种服务和支持。

（二）都市农业的基本内涵

作为一个学术名词，都市农业最早出现于日本地理经济学家青鹿四郎所著的《农业经济地理》（1935）中，其定义为：都市农业是指分布在都市工商业、

住宅区或都市外围区域的特殊形态的农业，其依附于都市经济并直接受其影响，主要经营奶、鸡、鱼、菜、果等，集约化和专业化程度高，同时包括稻、麦、水产、畜牧等农牧业的复合经营。

联合国开发署 1996 年对都市农业的定义是：在城市经济、社会和生态影响范围内的农业活动。2003 年国际都市农业组织、联合国粮农组织等国际组织将都市农业定义为：位于城市内部和城市周边地区的农业，以满足城市消费者需求为主要目的，采取集约的生产方式，利用自然资源和城市废弃物，在分散于城市或郊区的各个角落的土地上、水源中，种养各种家用作物，是一种包括从生产、养殖、加工、运输、消费到为城市提供农产品和服务的完整经济过程。都市农业实质是一个比乡村农业具有更多复合功能的综合农业概念，表现在生产、生活、生态和农业示范等各方面。

综上可以看出，都市农业是城市社会经济体系和生态体系中的一个重要组成部分，许多国际大都市都将其纳入到了城市发展规划和发展战略中，这已形成了国际共识。

（三）国际都市农业发展的新趋势

1. "百英里食物圈"运动

通过"百英里食物圈"运动，可以最大化地促进城市区域范围内食物的自给自足，并改善城市的生态环境质量。一方面，都市农业的发展可以为城市居民供给新鲜的蔬菜、水果、畜牧产品等，通过绿色生产还可以实现资源的节约和废弃物的再利用，减少食物的供给链条；另一方面，都市农业可以净化空气、改善生态环境，成为应对全球气候变暖的有效途径之一。此外，都市农业的发展还可以增强城市居民的生态责任感。

2. "屋缘农业"的兴起

所谓"屋缘农业"，就是利用屋顶、阳台、向阳墙壁以及房屋庭院所进行的农业活动。屋缘农业可以为都市农民提供新鲜、安全、绿色环保的食品供给，也可以起到美化环境、净化室内空气的作用，还可以成为孩子的科普教育基地，让城市市民感受农耕文化。这种城市内部农业的发展，面临许多亟待解决的技术难题，这也是未来努力的方向。如研发什么样的适宜种子？如何使阳台农业或立体农业具有更好的景观效果？如何研发更多适合屋缘农业使用的有机肥等。

3. 都市农业食物供给功能

都市农业一方面通过打造城市园艺和城市景观，不断增强城市的空间功能；另一方面在城市化进程中利用有限的空间发展农业，通过高效管理和高投入，在城市内部空间产出更多的农产品，增加城市农产品的自我供给能力，使城市应对突发灾害的能力不断增强，这也是发展都市农业的一个良好抓手。以新加坡为例，新加坡通过发展工厂化农业、垂直农业和屋顶农业，解决了城市15%的蔬菜供给量。都市农业食物供给能力的提升，也可以在一定程度上缓解城市化带来的土地稀缺等挑战。

4. 农事体验的时尚化

为迎接奥运会，英国伦敦在城市以及城市周边开辟了1 200多块农事体验场地。无独有偶，美国第一家庭白宫草坪的农事体验也成了时尚的代名词。这些都标志着农业不再是一个单纯提供农产品的低端产业，而是可以打造成一个时尚产业，成为培养城市居民理解大自然、理解人与自然和谐共处的重要纽带。

5. 休闲观光的推广

在节奏越来越快的城市生活中，人们感觉工作压力、生活压力越来越大，因此推广享受慢节奏的生活方式受到了更多城市人的青睐。城市居民需要更多的休闲空间，而休闲农业恰好能为人们提供休闲的空间载体和良好的业态。在此背景下，都市农业的休闲观光功能得到了广泛的推广和普及，即人们生活方式的转变促进了都市农业的发展，而都市农业的发展又增强了人们对慢节奏生活方式的享受，两者互为促进。在此过程中，各种以科普教育、养老康养、卡通人物、民俗文化、植物或动物、历史风貌、世界名胜等为主题的特色农园逐步兴起，使休闲观光的形式和内容更加丰富多彩。

二、阿根廷都市农业发展历程

20世纪80年代中期以来，在阿根廷的大都市内部及周边地区一直在进行粮食、蔬菜、畜禽等农业生产，非政府组织一直在致力于推动都市农业活动。以罗萨里奥为例，1990—1997年，至少有2 859个登记的家庭、社区和学校菜园每年生产大约1 400吨食物。

在2000年的经济危机期间，成千上万的人失去了工作，为应对经济危机导致的贫困问题，阿根廷政府采取了临时援助、临时就业方案和向受危机影响最严重的群体分发食品袋或食品盒等措施。民间社会引入了自主创业的策略，建立了以物易物为基础的自主创业网络。在这一背景下，都市农业被视为一种生产性的选择，并因此得到民间社会的推动和地方政府的支持。其他利益相关者，如非政府组织、合作机构和大学也积极参与其中。这期间，罗萨里奥市政府启动了都市农业计划，数百个家庭和社区花园在城市中建立起来；城市农民、消费者和当地政府组织了一个共同论坛：可持续城市农业的社区网络。危机期间，都市农业发挥了重要作用，一方面促进了粮食安全，同时加强了低收入阶层的社会网络，鼓励成千上万人参与其中。通过这场经济危机，围绕都市农业的社会活动得到了加强，许多参加过都市农业活动的人已经在政治组织、社会网络等方面积累了丰富的实践经验，这些新的城市市民为都市农业的深入发展奠定了良好的基础。

在经济危机过后，都市农业的角色再次转变。伴随着危机的结束，城市中的贫困和失业率都有所下降，社会政策得到了有效加强。许多在危机期间成为全职城市农民的人又回到了他们正式和非正式的工作岗位上，但是那些拥有城市花园的农民发展了新的农业高效生产和管理，强化了他们自己作为农民的这一特殊身份，并使都市农业成为一项长期的活动。随后，城市农民找到了继续耕作的新理由，比如不断获得新鲜和高质量的食品（不含农药）、创造收入、社区团结、培养技能和自尊，还有机会影响公共政策。例如在罗萨里奥，城市园丁网络（Huerteros）的成员在都市农业方案的支持下发展了两家集体农业企业，现在他们每周都在农贸市场上销售产品，并将一袋袋的产品送到家庭和超市。

从政策角度来看，在危机期间，新的参与者开始对都市农业感兴趣。地方政府制定或加强了都市农业发展方案，大学和非政府组织向城市农民提供技术援助。例如在罗萨里奥，由当地私营企业集团赞助的罗萨里奥基金会资助了多功能生产空间的实施；与市政都市农业计划和 Huerteros 网络相联系的"我们的花园"项目，一直沿用至今。这样，城市生产者在城市可持续发展中确立了自己的身份，合法化了自己的社会和政治空间。

总之，在阿根廷，都市农业已成为一种永久性的生产活动，它现在的作用更多的是促进当地发展，以及践行它的社会包容理念。都市农业的多重好处已经扩散至更广泛的人口范围，它已经把城市废弃的土地和空间变成了有生产力的花园，并美化了都市街区。更重要的是，它帮助提高了城市农民的自尊心和参与度，他们现在被认为是（新的）城市利益相关者，有能力影响当地的公共政策，从而提高了这些城市居民的获得感。

三、阿根廷都市农业的发展实践

1999 年，阿根廷成立了管理和规划都市农业发展及政策制定的专门机构。2001 年，创建了一个由社会发展推进部负责的都市农业工程，现在已经聚集了都市农民、市政官员、农业专家和非政府组织的代表共 33 名全职或者兼职的工作人员，以及 43 万美元的财政预算。以阿根廷罗萨里奥为例，罗萨里奥把发展都市农业的重点放在了经济鼓励和宣传教育方面，他们的具体措施包括减税、提供农业教育和技术支持（尤其是在有机生态农业方面提供补贴、市场和人力物力方面的支持）。在政策的推动下，阿根廷都市农业获得了健康的发展。具体的实践模式如下。

（一）阿根廷都市农业的菜篮子供给

以阿根廷首都布宜诺斯艾利斯大都市区（AMBA）为例。AMBA 拥有近 1 500 万居民，占地约 180 万公顷，其 GDP 占全国的 40% 左右，是阿根廷人口众多的地区之一。在 AMBA 中，家庭农场是重要的生产性机构，占地达 61 000公顷，约占布宜诺斯艾利斯全部生产面积的 13%。

2019 年 9 月 8 日至 15 日，布宜诺斯艾利斯大都市区的 INTA 实验站举办了"都市农业能见度周"活动，旨在强调都市农业的至关重要性，这一活动与国际都市农业发展趋势中的"百英里食物圈"运动不谋而合。会议由 AMBA 地方咨询委员会（CLA）组织，还邀请了圣马丁、阿韦拉内达、拉普拉塔、圣维森特、莫雷诺、马科斯·帕斯、卢扬、坎帕纳等地方的咨询委员会，力求对布宜诺斯艾利斯郊区不同生产地区的农民所做的工作给予重视。在"都市农业能见度周"活动的每一天中，组织者在 AMBA 的不同地点进行多项活动，包括举行博览会、讲座、讲习班、培训、展览以及来自不同地区的生产者会议、促进者会议、健康饮食会议等，同时还在学校、社区等地方举办不同的项目和行动，以全面反映都市农业在观赏、生态和生产产品等方面的功能。通过此项活动，都市居民清楚地知道从其住所出来约 15 分钟后，可以直接从生产者那里购买到健康的食品，让消费者明白是谁在生产直接到达餐桌和所有阿根廷人家中的食物；同时使大家认同采取土地管理措施的重要性。大都市的本地食物供给非常重要，这里既是生产地又是消费者所在地，这样的供给模式能够大大节省能源，同时确保消费者获得新鲜和健康的食物。

（二）阿根廷农场的休闲观光功能

在世界都市农业休闲观光功能越来越受推崇的背景下，阿根廷人以及外来游客对休闲旅游的需求极大地促进了阿根廷休闲观光农业的发展。在上一节已经介绍了阿根廷的农庄旅游是阿根廷休闲农业的一种重要模式，这里以阿根廷首都布宜诺斯艾利斯的一个普通农场为例，该农场的耕地面积1 000余公顷，种植了玉米、小麦、大豆和水稻等农作物。农场为都市的粮食供给提供了基本保障的同时，在地方政府的积极引导及扶持下，该农场在正常农业生产活动之余，开展了一系列的休闲观光活动。因为阿根廷农场规模巨大，所以机械化程度一般较高，1 000公顷的大型农场正常只需要4～5人管理，同时这4～5人还可以照顾前来参观的旅游团。在国家政策的支持下，该农场凭借近邻都市的区位优势，还会定期举办马术表演等娱乐活动，让旅客们切身体验丰富多彩的农业旅游项目和当地独特的文化。

（三）阿根廷的 ProHuerta 计划

阿根廷的 ProHuerta 计划已具有30多年的实践经验，由阿根廷国立农业技术研究所（INTA）和社会发展部共同推进，旨在通过公共政策来促进农业生态生产，体现了都市农业的多功能性。该计划重点针对处于脆弱境地的生产者，通过获取健康产品和充足食物来促进粮食安全。

ProHuerta 计划的方案是与家庭、农民和农业组织一起，制定不同的战略和政策工具。从粮食安全的角度来看，都市农业包括家庭和社区组织的蔬菜、水果和农场动物的生产，以促进与健康食品的自我生产和水的获取有关的基本权利，以便在社会脆弱的情况下各种资源能够得到综合利用。由于采用了生态农业方法，因此对整个栖息地而言是一种可持续的有益活动。同样，都市农业生产鼓励有效利用水、能源和土地。当生产者和消费者在邻近空间交换商品和服务时，它还实现了能源的节约。从可持续发展角度来看，ProHuerta 计划鼓励使用环境友好的生产技术，使用当地的自然资源以及适用技术来改善生产者及其社区的生态环境质量和生活质量。此外，ProHuerta还通过技术支持、人员培训（包括培训个人和团体）等，在农场、果园、家庭、学校、社区等各级开展可持续的农业生态实践，为健康饮食和环境保护贡献力量。

ProHuerta从成为专注于粮食安全的社会政策工具，变成了农业发展的不可或缺的计划。作为在全国范围内开展的特殊项目，2018年全年实施1 000多项举措，直接使2 000多个家庭受益。ProHuerta中由国家政策实施的行动包括：①向当地供应健康和新鲜食品（菜园和农场）；②区域内和短期营销渠道（本地/区域市场和受欢迎的博览会）；③针对农村和郊区社区的特殊项目（加强生产性企业的管理和水的获取）；④饮食和健康习惯（对家庭、团体和社区机构的饮食和环境教育）；⑤培训和技术支持。

（四）打造城市花园——"我们的花园"项目

"我们的花园"是从属于ProHuerta计划中的一个重要项目。由于对城市和城市周边环境的承诺，ProHuerta一直在与城市社区和市民合作来促进都市农业发展，如允许在各种条件下利用露台、屋顶和阳台等狭小空间来启动花园建设。"我们的花园"实际是一个向整个社区开放的"生活学校"，这里是食物诞生的摇篮，花园中的食物是通过农业生态管理来生产的。该项目包括内部培训，向幼儿园提供产品组合的建议、由20多个负责作物护理和维护的志愿者组成的网络衔接各项工作。"我们的花园"还与环境管理司一起，实施负责任的废物管理工作，提高了废弃食物的回收率，并通过堆肥将其作为循环社会资源的重要组成部分。城市花园还可以帮助更好地利用水，防止洪水、缓解高温的影响并为本地动植物建立自然庇护所。

"我们的花园"项目也是恢复知识并与下一代共享知识的一种手段，在花园建设和管理过程中能够使城市家庭和儿童了解食物的生产过程，使他们更充分地了解与土地、自然有关的知识。根据2013年ProHuerta的统计数据，仅在布宜诺斯艾利斯大都会地区就有51 000个注册的家庭花园，1 000个学校花园和400多个社区花园。这些举措直接涉及388 000人。

（五）城市中的屋顶绿化项目

打造城市中的空中花园即屋顶绿化项目是都市内部农业的又一种形式。第一，屋顶绿化可以增加城市的绿地面积，改善日益恶化的生存环境。第二，屋顶绿化可以改善城市的自然景观，改变城市高楼大厦林立、众多道路的硬质铺装取代自然土地和植物的现状。第三，起到调节气候的作用，屋顶绿化可以改善过度砍伐森林，导致各种废气污染而形成的城市热岛效应以及沙尘暴等给人类带来的危害。第四，屋顶绿化项目可以拓展人类的绿化空间，提升城市的生态效应，打造田园城市。总之，城市的空中花园对于美化城市的环境，改善城市居民的居住条件，提高生活质量具有极其重要的意义。

（六）农业科学与教育有机结合

近年来，阿根廷都市农业发展中注重其教育功能，即将农业科学和教育进行有机结合，通过开发各种资源和举办各种活动来向城市市民、学生等群体传播和普及农业科学。下面以阿根廷国立农业技术研究所（INTA）设立的各种教育项目为例。

1. 远程教育（PROCADIS）

PROCADIS 也是在 ProHuerta 计划框架内开发的一个项目，旨在设计和实施各种策略，以将 INTA 的农业技术和知识带入社区，促进创新和知识的转移，以更好地推动阿根廷农业发展。教育内容主要包括三个方面。第一，PROCADIS 提供免费访问数字教育资源，具体由 PROCADIS 以及 INTA 专家根据使用者的需求和兴趣爱好，共同开发网络教育内容和材料，使整个社区可以自由开放地获取机构知识，这些知识具体包括：保护性耕种的意义和方法、各种农作物的特性和种植技术、家禽的养殖和屋舍搭建方法、建造家庭花园的具体方法和注意事项、高性能木灶的使用方法等。其使用者包括教师、学生、农业生产者、技术人员、家庭等。第二，PROCADIS 提供了虚拟校园平台。在虚拟平台上开设了各种常规课程，如《科技创新概论》《卫生食品处理》《温带地区和灌溉地区的牲畜》《预防农业工作中的风险》《养猪生产系统》《温室管理》《养蜂业》《以水果和蔬菜为导向的良好农业规范》《农业质量与社会责任》《农村地区的交流与教育》等。这些课程很好地将 INTA 的知识带给了社区。第三，PROCADIS 还举办会议、研讨会和讲习班。第四，PROCADIS 与教育系统之间保持良好的沟通和互动。INTA 还会组织中小学生到技术学校等机构访问，通过向学生们展示与土壤、气候、水资源合作的意义，使他们了解不同生物之间如何相互作用，从而激发学生对农业科学有关事物的兴趣。这类活动的意义是使 INTA 科学与教育界更近，使科学和技术发展的能力社会化，共享不同工作组的技术和科学方法，最重要的是促进农业职业教育的发展。

2. INTA BOYS 教育项目

这一项目力图使全国农业和粮食部门更接近 3～11 岁的男孩和女孩。"IN-TA BOYS"致力于成为教育过程的一部分，它尊重认知发展的不同水平，为学校课本中建议的不同活动提供游戏和音频。在科技周活动中，INTA BOYS 空间会开设花园讲习班，由远程教育计划 PROCADIS 以及国际电联 AMBA 实验站组织，提供不同的健康替代方案。

第九章 CHAPTER 9
阿根廷农村社会公共服务与保障 ▶▶▶

第一节　阿根廷农业保险

一、阿根廷保险业的发展

1973 年 1 月，阿根廷颁布了关于保险的国家法律《保险法及其控制》。阿根廷的保险市场由国家经济部所属的国家保险监督局（SSN）监管。国家保险监督局旨在通过监督和规范，稳健推进保险业的发展，从而保护被保险人的权利。

（一）建立相对完善的保险市场

在国家保险监督局监管下，阿根廷建立了相对完善的保险市场。市场主体包括：

1. 保险公司

阿根廷保险公司在国家保险监督局进行注册，在其授权的承保范围内开展保险、再保险运营活动。在国家保险监督局申请注册时，一旦启动了相应的申请程序，国家保险监督局开始分析申请单位提供的文件，如果满足相关要求，则将发布相关授权的决议。目前，阿根廷保险公司主要包括三类：一是私人股份公司、合作与互助性质的保险企业；二是外资保险公司；三是官方保险企业公司等。其中，私人股份公司在保险公司中占据较大比例。

2. 再保险公司

保险公司为了分散风险，把一些大的承保单位再分保给另一保险公司。接受这一保单的公司就是再保险公司。再保险公司是指专门从事再保险业务、不直接向投保人签发保单的保险公司，是保险公司的保险公司。阿根廷再保险公司需要在国家保险监督局（SSN）注册登记。近 30 年来，国际再保险市场发展十分迅速，曾一度超过同期保险业的发展速度。阿根廷作为发展中国家，再保险的需求比较旺盛，再保险供给能力已显不足。

3. 保险咨询公司

阿根廷保险咨询公司是由保险顾问（PAS）组成的公司。保险顾问是处于保险公司和被保险人之间的中介，它会基于顾客的具体情况和保险需求提出建议。阿根廷保险顾问有两种类型：被授权在所有保险部门提供咨询的顾问和被授权就人寿保险提供咨询的顾问。要想获得咨询顾问证书，需在国家保险监督局进行注册申请，且需每年支付固定的费用。保险咨询公司同样需要进行登记注册后才能开展中介活动，它和保险公司最大的区别就是自己不生产保险，但可以参与设计保险产品，以促进签订保险合同，为被保险人和保险人提供建议。保险咨询公司类似于我国的保险经纪公司，主要通过和保险公司合作，为客户定制保险方案，推荐产品。

4. 机构代理人

阿根廷的保险机构代理人是保险业务的助手，由保险人任命，代表保险人行使相应的职能，需要在国家保险监督局进行注册。机构代理人相当于我国的保险代理机构。

5. 专业协会（公司）

阿根廷保险专业协会是由审计师或精算师组成的公司，在确保遵守保险公司相关制度的前提下分析保险公司的资产负债表等。专业协会成立需要在国家保险监督局注册，由国家保险监督局授权能够在当地保险市场开展的业务。在注册时，需要向国家保险监督局提供经公证的公司章程及公司的组成、框架和客户的信息等。

6. 外部审计师

阿根廷保险的外部审计师是由保险公司任命的会计师，负责审计其财务报表和国家保险监督要求的其他信息。要成为外部审计师，必须要在国家保险监督局的外部审计师注册表中进行注册登记。

7. 精算师

保险精算师是由国家保险监督局批准，具有财务专业技术和影响，能够评估和管理保险公司风险的专业人员。希望在保险公司中从事该职业的人员可以向国家保险监督局申请注册。

（二）阿根廷保险业发展的主要举措

1. 开展绿色保险

阿根廷不断倡议开展绿色保险。在 2002 年通过有关生态保险的法律。生态保险的提出是基于政府的一项规定，即任何企业如果从事对环境构成危险的生产活动，就必须购买生态保险。生态保险的价格是由企业的活动、生产量以及对环境构成的潜在风险决定的，每年的价格由 12 万比索（约合 36 090 美元）到 5 000 万比索（约合 1 500 万美元）不等。近年提出的绿色保险是生态保险的延续，其初衷是通过植树来减少汽车、摩托车和卡车的碳排放量。主要做法是：当车主每次为汽车购买保险时，都要与相关部门合作，参加植树造林活动，以吸收汽车、摩托车、卡车的二氧化碳排放，守护绿色家园，净化污染。保险行业在汽车、摩托车和卡车的每个保单中分配 1% 的价值，用于推进阿根廷各地开展的植树活动。

2. 加强公司治理

在国家保险监督局进行的现代化、非官僚化和采用国际标准的框架内，批准了国家保险监督局（SSN）第 1119/2018 号决议，该决议确立了公司治理法规。该法规的实施和推广，对于保险公司和再保险公司的正常运作以及国家保险监督局有效监管其业务至关重要。

3. 开展强制性培训

国家保险监督局针对全国保险业的保险顾问开展强制性年度培训，这是阿根廷政府提升保险顾问业务水平的一项重要手段，有助于保险顾问提供更加精准的服务，以促进保险市场的规范发展。

二、阿根廷农业保险

（一）农业保险概述

阿根廷的农业保险市场主要受私营领域的推动，采用完全商业化经营的模式。过去的几十年，阿根廷农业部门的快速发展为其保险市场提供了支撑。一个具体的表现就是在 20 世纪 90 年代早期采取了固定汇率政策，给农业部门施加了竞争压力，促使迄今存在的一些小规模家庭企业合并成统一管理的公司。

另外，在该行业日益增多的投资机会的支撑下，创建了所谓的"联营播种"，主要是投资该领域的资本，借助规模经济的优势延伸到边缘区域。跨国公司（如孟山都、安万特、AgarCross 等）的进入则成为重要的影响因素，跨国公司通过向当地农业部门提供新技术和资金，以此改变着行业模式。在这种有利的背景下，作为一种支持大规模销售和信贷交易的手段，农业保险越来越受到欢迎。

阿根廷是世界上综合实力较强的发展中国家之一，其发达的农业也为农业保险提供了一个巨大的发展空间。众所周知，阿根廷是世界上最大的豆粕、豆油、葵花籽油、蜂蜜、梨和柠檬出口国，是玉米和高粱的第二大出口国，大豆的第三大出口国。阿根廷在国内外市场上具有较强竞争优势的高价值农产品（如葡萄、蓝莓、樱桃、橄榄等）的种植面积不断增加；阿根廷的土地集中度提高，超过一半的土地以租赁方式生产，每个农业劳动力负担的耕地面积为315亩左右。在著名的农牧业区的潘帕斯草原地区，有大量的竞争激烈的农业出口联合体和有高租赁份额的生产结构；种植面积的增长，导致高科技运营的成本不断增高；技术密集型风险资本的使用和确保投资者最低回报的必要性存在等，需要有完善的农业保险作为保障。因此，多种因素叠加，阿根廷农业保险的发展也逐步走向成熟。

阿根廷农林业保险业的发展由设在国家农林渔业的国家农业风险办公室（ORG）监管。国家农业风险办公室的主要职责包括：①从全面的视角开发、分析和传播用于评估和减少农业风险的工具，有助于为扩大保险市场、促进农业和林业部门保险工具多样化建立适当的框架；②与涉及农业保险问题的公共和私营组织协调，评估影响农业和林业部门关于气候、经济和市场等方面的风险因素，并制定预防、减轻和转移农业和林业风险的工具和战略；③分析、开发和实施促进机制，以改善和扩大获得农业和林业保险的条件，优先考虑生产地区以及推广降低风险的积极做法；④量化和评估不利气候对各种生产活动的影响和频率；⑤为农业部门，特别是那些目前保险减少地区的生产者，建立风险转移机制；⑥提供有关农业风险评估和管理问题的培训和技术援助。

（二）阿根廷农业保险市场提供的产品

阿根廷农业保险市场提供了多种产品，可以根据每种作物的特性、生产区域和生产者的类型以不同的方式调整保险产品。大量的农业生产中使用的传统经典保险包括：传统的冰雹、冰雹以及其他风险和多重风险，构成保费交易总量的大部分。套期保值的特点在不同的保险公司之间并没有实质性差异，这就是溢价能够成为该行业运营公司之间竞争动力的重要原因。保险公司通常根据以下一些操作来区分其产品：①使用特许权和自付额的百分比调整溢价；②向生产者介绍不同的支付方式，市场的特点之一是超过90%的保费是在收获时筹集的；③提供不同的付款机制，可以采用本国货币、美元或谷物、油料种子来执行该政策，一些公司允许通过"谷物交易所"取消债务，生产者通过将部分收获产品交付给保险公司来支付保险费；④对被保险人使用忠诚度策略和福利计划。保险公司的承保范围明确了该行业中的大多数保险业务及其他正在探讨的保险产品。

（三）阿根廷农业保险市场的发展

截至 2018 年 6 月 30 日，阿根廷所有经授权经营的分支机构的保险实体总数为 189 个，其中只有 27 个实体从事农业或林业部门的活动（表 9 - 1）。在不同类型的保险中，阿根廷农业部门最关注的是损坏保险，补偿冰雹造成的损坏的保险范围最为广泛。这种传统保险及其他风险可以添加在承保范围内，例如，由大风、霜冻和火灾引起的损坏，通常被称为冰雹保险的"附加"保险。尽管大多数公司提供传统的冰雹政策，但只有 1 家提供多险种保险。

表 9 - 1 受理的保险产品

保险公司	农业保险总量占比（%）	风险类型	农作物
SEGUNDA	24.0	冰雹	油料和谷物
SANCOR	16.9	冰雹和冰雹附加	油料和谷物
ALLIANZ	16.5	冰雹	油料和谷物
SAN CRISTOBAL	5.9	冰雹	油料和谷物
DLCE	5.3	冰雹	油料和谷物
NACION	4.9	冰雹和冰雹附加	油料和谷物
ZURICH	4.8	冰雹	油料和谷物
MERCANTIL ANDINA	4.7	冰雹	油料和谷物
FED. PATRONAL	2.6	冰雹	油料和谷物
SURA	2.2	冰雹	油料和谷物
OTRAS	12.3	冰雹以及其他风险和多重风险	油料和谷物（水果）

资料来源：根据阿根廷政府网站整理（http：// argentina. gob. or）。

阿根廷农业保险公司的发展不均衡，27 个保险公司中，有 3 家保险公司的保险量占农业保险总量的 57%，主要经营布宜诺斯艾利斯、科尔多瓦和圣菲的谷物和油籽的冰雹风险（表 9-2）。这几家保险公司在该领域拥有非常显著的技术优势，他们拥有一个由多人组成的全职的内部农业专家组，设计保险政策和管理保险产品。

表 9-2 按保险类型划分的农业保险占比

单位:%

覆盖范围	保险	政策	受损（数量）	保险资本
农业保险总额	99.94	99.94	99.98	99.96
冰雹	79.84	87.14	79.45	82.42
额外冰雹	19.22	12.78	19.54	16.91
农业多重风险	0.80	0.01	0.90	0.60
牲畜保险	0.06	0.06	0.02	0.04

资料来源：根据阿根廷政府网站整理（http://argentina.gob.or）。

冰雹仍然是市场上覆盖率最高的风险，几乎占总保险风险的 80%，而提供冰雹附加险（风，霜等）的公司接近 20%。多重风险保险（绩效保险）不超过总额的 1%，而牲畜保险的参与度最低（表 9-2）。

在有保险的生产方面，一年生作物占绝大多数，主要包括保费占 57.9% 的油菜（占地 940 万公顷）和保费占 35.1% 的谷类（占地 660 万公顷）（表 9-3）。

表 9-3 各类作物保险费的占比

单位:%

作物	保险费	已付索赔	保险资本
年度作物	94.8	92.9	97.9
油菜	57.9	59.6	52.3
谷物	35.1	31.4	40.9
烟草	0.8	0.2	0.9
蔬菜	0.4	0.3	2.4
饲料	0.5	1.3	0.6
其他年度作物	0.1	0.1	0.8
多年生作物	5.2	7.1	2.1
梨和核果	2.8	6.0	0.8
藤蔓	1.8	0.6	0.4

（续）

作物	保险费	已付索赔	保险资本
柑橘类	0.0		0.4
其他多年生作物	0.1	0.2	0.1

资料来源：根据阿根廷政府网站整理（http：//argentina. gob. or）。

农作物种植中，承保的主要农作物是大豆、玉米和小麦，合计超过保险市场的85%。另外，小麦的保险面积显著增加，从而影响大豆和玉米种植。保险业在小麦生产中的渗透率也有所提高（表9-4）。

表9-4 大豆、玉米和小麦的保险情况

单位：%

种植作物	总市场			保险渗透率
	保险	赔偿	保险资本	
大豆	53.1	57.1	46.0	49.3
玉米	18.8	14.5	20.2	28.0
小麦	13.3	10.8	13.0	52.4
其他	14.8	17.6	20.7	33.7

资料来源：根据阿根廷政府网站整理（http：//argentina. gob. or）。

各省农业保险的覆盖率存在差异，主要发展农业的4个省份（科尔多瓦、圣菲、布宜诺斯艾利斯和恩特雷里奥斯），几乎占据保险市场的90%（表9-5）。

表9-5 各省农业保险覆盖率

单位：%

省份	总市场		
	保险	赔偿（数量）	保险资本
科尔多瓦	37.2	38.6	26.4
布宜诺斯艾利斯	24.3	29.9	30.0
圣菲	20.8	12.7	27.4
恩特雷里奥斯	4.7	5.7	7.3
其他	13.1	13.1	8.9

资料来源：根据阿根廷政府网站整理（http：//argentina. gob. or）。

表9-6显示了从2014年到2018年保险市场的年总值（以现值计算）与农业部门保险的总值（分为农林和畜牧业）情况。主要表现出以下特点：①农业和林业部门的总保费虽然自2015年以来一直以固定价值恢复，但在总保险

市场中的参与度下降，2018 年有所改善，但无法恢复 2012—2014 年的情况；②在收入类别中，2015—2017 年的价值和市场份额停滞不前，2018 年表现出恢复的态势。

表 9 - 6　农牧业保险费（按现值计算）

年份	市场总额（千美元）	农牧业和林业部门		农业与林业保险费总额（千美元）	牲畜保险费总额（千美元）
		保险费总额（千美元）	占市场总额的百分比（%）		
2014	108 913 424	2 183 675	2.00	2 182 923	753
2015	153 321 809	2 067 952	1.35	2 066 987	965
2016	211 027 364	2 838 683	1.35	2 837 644	1 039
2017	272 216 715	3 472 700	1.28	3 471 648	1 051
2018	337 078 936	4 663 280	1.38	4 659 869	3 412

资料来源：根据阿根廷政府网站整理（http：//argentina. gob. or）。

（四）阿根廷农业保险市场的演变

1. 主要保险类型中保费和索赔额的变化

近年来，按固定价值计算，冰雹对冲的保费数量略有增加。同时，市场为此类险种支付的总索赔额低于为此类风险签发的总保费，2016 年报告显示的索赔额达到最大值，2018 的损失率为 98%。一般而言，在为冰雹险支付附加索赔中出现类似的现象。近年来，这类保险的总保费大幅下降，损失率更高。

2. 主要保险产品类型的保费和索赔额的变化

2014 年以来，被保险的油籽产量呈小幅下降的趋势，索赔额较低，损失率在 50%～90%。到 2016 年，谷物覆盖率也发生了类似的变化，2017 年的保险量有所回升。2018 年，种植作物以及水果的损失率有所增加，而烟草的损失率则有所下降。

3. 受保地区的演变和保险渗透

2008—2013 年，参保地区有所增加，但仍有起伏，总体上伴随着播种面积的变化而变化。2014—2016 年，参保面积保持相对稳定，2017 年和 2018 年略有下降。总体看，自 2010 年起保险渗透率提高之后，被保险面积没有随播种面积的增加而增加。

4. 索赔和总费用的演变

经过两年的低索赔率（2014 年和 2015 年），2016 年索赔率较高，并逐渐稳定下来。

5. 再保险转移的演变

2013 年，向再保险部门转移的资金大幅减少。近年来，这一百分比已恢复到农业季节通常水平，平均超过了 50%。

第二节　阿根廷农村医疗

阿根廷宪法明确规定，医疗权是公民的重要权利之一。阿根廷政府高度重视发展医疗卫生事业，建立了较为完善的国家医疗体系，依法维护人民的健康权益，不断增强人民的健康福祉。

阿根廷医疗卫生总费用占 GDP 的 10% 左右，根据世界卫生组织的排名，在全球 191 个国家中排名第 49 位。政府医疗卫生支出占卫生总费用的 50% 以上。人口期望寿命达到 76 岁，其中男性为 73 岁、女性为 80 岁，5 岁以下儿童死亡率 1.04%，新生儿死亡率为 0.59%，结核病发病率为每 10 万人 24 名。

一、阿根廷国家医疗体系

依据阿根廷法律，国家卫生部协助国家总统和内阁总理，通过建立完善的医疗卫生系统，满足阿根廷民众的健康需求，在社区中促进民众的健康行为。

（一）建立职责明晰的医疗卫生管理体制

国家卫生部主要负责制定宏观政策、疾病预防控制、食品药品监督管理和对地方卫生工作的监督管理等，承担 40 多项职责。卫生部内设有 14 个局，每个局有具体而明确的职责和目标，局和局之间建立了良好的沟通和协调方式，以保障整个卫生系统的顺畅运行。

1. 卫生研究局（DIS）

卫生研究局的主要职责是通过征集研究项目、提供研究资源等形式，组织开展医疗卫生质量的研究，评估政府的各项卫生计划，为改善公民的健康状况提供技术支撑。

卫生研究局组织开展的研究内容包括：卫生系统准入、服务中的护理质量、预防和促进健康以及对健康计划的评估等。在促进高质量卫生研究发展的同时，特别强调要遵守道德准则，以取得改善人们健康的可靠研究成果。为实现此目标，卫生研究局严格遵守政府卫生部《人类调查指南》（MSN 第 1480/11 号决议）中规定的道德要求，以加强对研究和实验中参与者的保护，确保研究报告的完整性和准确性。

2. 国家心理健康与成瘾管理局（DNSMA）

在阿根廷，20 岁以上的人群中有近 1/3 的人患有精神疾病，常见表现为焦虑、情绪障碍和药物滥用等。世界卫生组织（WHO）的数据表明，世界上有 1/4 的人患有某种精神疾病，其中 2/3 的人没有得到任何关照。另外，接受治疗的人大多在精神病医院或诊所住院。在此背景下，阿根廷国家心理健康与成瘾管理局为保护民众健康和预防疾病，提供包括综合医院、初级卫生保健中心（CAPS）、社区综合中心（CIC）等心理健康服务网络，致力于从拘禁式的治疗模式转型到重新融入社区的包容性治疗模式。国家心理健康与成瘾管理局还为部分特殊人群提供生产性劳工企业、学校、邻里俱乐部、教堂等场所和空间，通过倾听、陪伴等多种方式，缓解抑郁或心理不健康等问题。

3. 国家性与生殖健康局（DNSSR）

根据法律框架，公民的性权利和生殖权利受到国家宪法、国际人权条约和阿根廷国家法律的保护。所有公民都有享受免费的性健康和生殖健康的权利，并享有相关的信息，不受歧视或暴力干扰。国家性与生殖健康局的目标是：通过努力，使所有民众，不受年龄、种族、国籍、性别认同、性取向、是否有残疾等任何歧视。其行动方针是通过建立省级跨学科卫生小组，实施性健康和生殖健康计划。卫生小组的内涵宽泛，由医生、妇产科医生、护士、社会工作者、心理学家、教育工作者、行政人员组成，涵盖医院、保健中心、流动医疗单位的工作人员。卫生小组是促进民众性权利和生殖权利的主要角色，通过提供心理咨询、传播权利理念、提供避孕方法等，帮助民众获得自主权和知情权，以做出有关性健康和生殖健康的决定。

4. 国家卫生应急局（DNES）

作为国家综合风险管理系统（SINAGIR）的健康联络部门，国家卫生应急局主要职责就是在全国范围内发生灾难或各类紧急情况时提供医疗卫生服务，具体包括：为应对地震、洪水、暴风雪等自然灾害及各类紧急事故，开展相关的法律法规宣传并提供手册和传单；积极参与到处理紧急情况或灾难的所有过程；为国家和国际领导人以及大型公共活动提供健康保障；与各省紧急事务局共同合作，统一协调各省的区域化项目及技术援助、人力资源等，以优化提升应对灾害的能力。

国家卫生应急局定期为卫生系统人员、与紧急情况有关的社会角色，例如警务人员、消防员、救援人员等制定培训计划，开展培训。做好多重准备，有组织地、有效地应对紧急情况和灾难是这种培训的主要目标之一。为了充分保证卫生部门能够有效应对各类危机及领土内可能发生的各种紧急情况（多名受害者的事件、地震等），培训中进行大型的模拟演练。近年来，由省级应急局和国家卫生应急局组成的卫生应急委员会（CES），统一开展网络培训，开展促进应急医疗系统优化的专业实践活动，不断统一行动标准、理念和技能，以实现快速、有效和联合应对。

5. 围产期卫生和儿童事务局（DSPN）

围产期卫生和儿童事务局是基于阿根廷国家法律和国际协议，针对婴幼儿、儿童、青少年和育龄妇女制定并实施相关国家卫生政策的机构。该部门通过财政援助，针对不同司法管辖区的卫生部门起草物资分配条例和开展培训活动，主要的职责和目标包括：减少婴幼儿、儿童、青少年和孕妇人口发病率和死亡率；聚焦全体民众特别是最弱势人群，扩大卫生服务的覆盖面，提高卫生服务的质量；掌握儿童入学到毕业整个阶段的健康状况，以便及时发现问题并解决问题；开展区域性的围产期卫生保健工作，以便及时发现母婴患病的风险并进行照料；减少因性别、区域、社会经济水平、种族等造成的健康指标之间的不平等。

6. 远程医疗局（DT）

远程医疗局的主要职能是提供远程医疗服务和管理。远程医疗是一项公共政策，旨在不断创新卫生理念和举措，建立并巩固由卫生专业人员和公共机构组成的合作网络，优化各项卫生管理行动，加强对医疗团队的培训，以改善医疗服务和医疗质量，提高全民健康水平。远程医疗主要包括4个板块内容。

（1）开展网络协作。首先要建立远程医疗网络。远程医疗网络是由各个节点（公共卫生机构）构成的，这些节点通过同步和异步信息通信技术进行交流和协作。来自全国各地的 500 多家公共机构参与其中，包括省级卫生部、研究所、初级保健中心和公立医学院等。作为网络的节点，每个机构及其卫生专业人员能够开展一系列活动：作为顾问参加远程咨询和远程护理；参加远程医疗议程所提供的各类学术课程，进行知识传播等；与政府部门或其他机构等参加远程医疗管理活动。

（2）开展远程护理。各个节点提供咨询和远程协助，包括卫生专业人员对患者进行诊疗、提出医疗建议等。网络平台针对用户收集翔实的材料，不断完善多项功能。包括：新用户如何启用平台、解决远程会诊中出现的问题、收件箱的进阶功能、如何进行电话咨询、如何请求视频会议、卫生机构之间的信息交流、如何结束远程咨询、查询进一步诊疗的建议、将诊疗转移到更高级别卫生中心等。

（3）开展远程教育与培训。信息和通信技术的发展促进了不同机构专业人员的远程教育和培训。远程教育的价值在于实现医疗机构在民众中的全覆盖，缩小不同机构在促进卫生知识普及、提供医疗保健方面的质量差距，促进全民的健康。在国家远程医疗计划的框架内，远程医疗网络的不同机构如卫生部、大学、卫生机构等通过研讨会、进修课程、管理活动等开展形式丰富的培训。各类培训活动通过网络或手机可直接查看议程。

7. 健康市政和社区局（DMCS）

阿根廷卫生部和社会发展部制定国家健康城市和社区计划，市政当局是执行该计划的成员之一。市政当局设有当地卫生状况管理室，主要职责是促进全民健康。

运行"健康城市和社区计划"。任何有兴趣改善其社区生活质量的城市或社区都可以成为"健康城市和社区计划"的成员，但进入国家健康城市和社区计划，要有一定的程序，主要分为四个阶段。①加入。市长、社区主席通过"意向书"承诺在计划框架内致力于改善其社区的健康；为本地区提供公共服务的学校、部队、儿童健康中心和医院等都要参与改善社区的健康状况。②实现合并。申请加入的市政部门，其名称必须正式发给健康城市和社区的理事会；设立部门间工作表，并通过制定工作方案提出其组成和运行情况。③获得"负责任市政当局"的认证。掌握关于"本地健康状况分析"的相关问题，建立完善当地卫生状况的管理处，收集更新相关信息。④获得健康城市认证。对关于社区健康状况的因素进行修正，缩小健康问题中存在的不平等差距，进行自我评估。上述四个步骤需要提交的文件有：战略方针、部门间工作表、健康城市地方卫生状况分析、地方健康促进项目文件、当地卫生状况管理处文件、健康城市和社区的自我评估、健康城市和社区中地方项目的参与评估指南等。

该计划力求在两个层面上开展促进行动：第一，整合省级卫生政策，以支持和加强部门间在制定健康促进战略中的行动；第二，与市政当局一起在计划框架内制定认证程序中规定的行动，促进疾病预防和健康活动。

8. 国家卫生系统治理和综合管理局（DNGSS）

国家卫生系统治理和综合管理局的主要职责是管理、协调和发展卫生信息系统（国家数字健康网）及必备的条件，减少卫生保健方面的质量差距。借助可以识别人口特征和健康需求的卫生信息系统，不断创新卫生工具。国家卫生系统治理和综合管理局对卫生系统中的卫生专业人员、普通民众进行纵向和横向的全面监控，协调卫生系统的所有辖区和所有部门的工作，有效保障民众的健康权利。

建设国家数字健康网的原则和内容主要包括以下几个方面。①缩小差距。该战略计划的所有举措旨在减少在资源、健康和技术水平方面由于辖区和子系统之间存在的差异而导致的差距。②加强自治权。卫生系统成员的每个司法管辖区或组织都必须制定使用信息系统的策略，具有相应的工具手段，依法使用临床信息，保证注册信息的隐私和安全性。③整合信息。卫生系统各成员具备整合系统信息、共享信息的自主权。④子系统集成。提出将卫生子系统信息集成到整个国家卫生系统中所需的工具和政策。⑤赋予患者权利。患者必须了解在卫生系统中需要注册的信息，了解信息的用途以及可以访问它的组织、部门和人员。⑥信息收集。强化就诊时的临床信息收集，并建立将其用于统计、流行病学、服务管理、公共政策规划和研究的机制。⑦确保隐私。建立必要的措施以确保信息的隐私。只有直接参与患者护理并得到患者授权的人员，才有权访问敏感信息。所有行动都必须以这一原则为基础。⑧技术和政策标准。技术和政策标准的制定和使用要以当前经验为基础，既要迎合国际发展趋势，又要借鉴发达国家经验。⑨开发人力资源。为确保数字卫生战略的成功，至关重要的是加强人力资源的开发，要为全国各地的卫生信息学专家（包括来自各个医疗卫生部门的代表）提供新的培训技术。

9. 国家口腔卫生局（DNSB）

国家口腔卫生局是以有效、公平和支持的方式开展口腔健康行动，以减少口腔疾病的发病率并改善民众的生活质量。

国家口腔卫生局的主要职责有：①在国家层面执行、协调和监督各项预防、诊断、治疗和康复的政策；②提出国家口腔卫生政策，包括原则、目标和实施策略；③将国家卫生部制定的政策与口腔健康有效融合，制定并采取相应措施；④在全国范围内监督口腔卫生政策的制定与实施；⑤参与并加强地方和区域管辖的网络维护；⑥参与制定口腔健康指标，将其纳入国家健康信息系统；⑦开发用于监控和评估口腔健康政策的系统；⑧针对各种风险因素，促进社区防范意识的形成及在全社会的传播。⑨参与并推进科学研究，以指导口腔卫生政策的制定。

10. 国家社区卫生局（DNSC）

国家社区卫生局管理社区医疗卫生，推进民众开展健康的生活方式，践行改善社区卫生状况的责任。具体行动方针包括：在尊重区域文化特点的基础上，在省级卫生组织中实施初级卫生保健战略，将健康、预防、护理和康复相结合。通过初级卫生保健战略的实施，推动国家一级健康促进和疾病预防行动；通过社区团队，推动卫生部实施的所有卫生保健活动，强化地方卫生系统（市、社区）初级卫生保健战略的实施；管理健康城市和社区网络成员的技术援助活动；制定家庭和社区卫生政策和计划。

11. 国家流行病学和战略信息局（DNEE）

国家流行病学和战略信息局主要开展流行病学和健康状况分析，为卫生团队、卫生人员和卫生政策制定提供专业信息。该局实施公平、包容的国家政策，践行社会责任感，保护民众免受疫苗可预防的疾病，以推进健康社区的建设。主要工作包括：发布流行病学公告、开展流行病学的持续分析和建议、开展流行病学的各类监测、执行预防和保健的现行法规。

12. 免疫预防疾病控制局（DCEI）

免疫预防疾病控制局的职责包括：通过疫苗预防生命各个阶段可能带来的疾病和死亡；按计划在所有辖区、所有部门中实现所有疫苗的接种率超过95％；将疫苗的理念视为民众的权利和责任；发挥指导作用，提出扎实有效、透明的建议。主要任务和行动包括：疫苗的获取和分发；一次性注射器和针头的获取和分配；监测疫苗接种覆盖率；监督管辖区的免疫程序；向24个司法管辖区计划提供咨询和技术援助；开展针对特定人群的疫苗接种活动；编写和更新作为培训参考工具的《国家疫苗接种建议书》；与国家免疫委员会（CON-

AIN）协调，实施国家免疫时间的更新；对免疫计划的不同部门进行培训；开展流行病学监测；监视疫苗接种或免疫接种的事件发生。

13. 卫生统计和信息局（DEIS）

卫生统计和信息局（DEIS）是国家一级卫生统计系统，其主要目标和工作职责包括：制定国家卫生统计计划，促进省卫生统计计划制定；制定和规范程序，获取在管辖区生成的数据，并集成处理到国家层面；处理来自久远记录的数据和特殊调查、普查的数据；维护更新统计数据和相应的注册表；培训国家和省级统计领域的工作人员；推动中央和管辖区一级的统计系统的运行；在国家和国际平台发布最新的统计卫生信息。

14. 环境卫生协调局（CSA）

环境卫生协调局的主要职责是对社会健康环境的决定因素进行分析和评估，并促进开展风险预防和控制活动，以改善生活质量并降低人口的发病率和死亡率。该局作为国家层面的协调部门，围绕水质、空气质量、气候变化、化学物质、工作环境、医疗废物和医疗设施等与环境卫生相关的因素开展工作，如提供技术援助，准备标准草案，促进知识的创新及其转让（培训、出版和传播），促进和加强司法管辖区能力的发展以及在该领域的部门内和部门间的合作。

（二）建立以计划和项目为支撑的运行机制

为推进国家卫生系统有效运行，阿根廷卫生部建立了以国家计划和项目作为支撑的运行机制。在推进实施的国家级计划中，一部分属于综合性计划，由卫生部牵头推进，需要众多部门协调配合，其主要目标是保障医疗卫生的公平性，保障民众的健康权益；还有一部分属于专业性计划，具体由卫生部各司局作为主体推进。国家计划和项目是公平、合理配置公共资源的选择，也是加强对地方卫生部门宏观调控的主要举措，医疗卫生重大决策要由卫生部和各省卫生部门充分协商后实施。此外，国家卫生部强化人力资源的开发和培训，为卫生系统的运行提供人才支撑。

1. 综合性国家计划

（1）Sumar 计划。Sumar 计划是一项公共政策，旨在促进 0～64 岁没有正式健康保险的人口获得平等、优质的医疗服务。

该计划始于 2004 年阿根廷北部各省，并于 2007 年扩展到阿根廷其他地区，为没有社会工作的母婴提供医疗保健服务。2010 年，该计划纳入了对 6 岁以下男孩和女孩进行先天性心脏病的资助。2012—2015 年，Sumar 计划扩大了覆盖范围，使全国人口中 64 岁以下且没有正式健康保险的人口获得医疗服务，并为孕妇、幼儿、青春期少年提供特殊福利。

Sumar 计划主要措施是允许卫生系统对人口进行护理和监控，明确构成健康权的服务，为其分配精确的服务。同时，保障医院或卫生中心都将获得足够资源来加强卫生团队实力，改善为社区和个人提供的服务。整个政府与各辖区协同改善服务质量，强化全民健康权的获取和行使。Sumar 计划中，民众通过网站了解在哪里进行注册、进行查询和索偿及了解健康权相应的福利。该计划有省级办事处，民众可以到距离最近的省级办事处（即 Sumar 办公室）进行沟通。也可以通过免费电话获取所有信息，或对 Sumar 计划提出投诉和建议。

（2）补救计划。补救计划是国家卫生部门将基本药物直接分发给卫生保健中心，由卫生保健中心直接为民众进行提供，以方便民众获取基本药物。该计划每月向全国 8 100 多个卫生保健中心免费提供基本药物包，对 80％的一级卫生保健做出应对，这样就保证对 1 600 万完全依赖公共卫生系统的人员提供免费药品的覆盖。免费获得药物，不仅解决了民众的健康问题，而且意味着节省大量家庭的经济成本。

补救计划将药品直接分发给卫生保健中心，药品成为社区保健的重要资源。该计划以培训卫生队为中心战略，维护分发药品的合理性并优化药品的使用。补救计划支持卫生工作者获得与实践紧密相连、数量更多的培训。对于因距离或时间原因而无法进入培训现场的人员，该计划则提供大量的网络课程。通过这种方式，补救计划可增强一级护理中心的解决问题的能力，有力促进了民众享有优质健康的权利。

（3）国家医疗保健质量保证计划。国家医疗保健质量保证计划（PNG-CAM）由 1992 年 432 号法令创建，1997 年 1424 号法令通过。2017 年第 178 号 PEN 法令批准了该计划的有效性，即在所有国家卫生机构、国家健康保险体系、国家体系中必须实施《国家医疗保健质量保证计划》，以确保全民健康服务的质量，确保医疗健康公平性在全民的覆盖。法令规定，要进一步丰富计划的内涵，明确全国各地机构所采取的差异化行动，包括对于计划的认识、创新的手段、培训的内容、健康风险的研究及管理等措施。

2. 专业性国家计划

（1）国家先天性心脏病计划。每 100 名新生儿中就有 1 名患有先天性心脏病，即胎儿心脏发育出现的畸形。在阿根廷，每年约有 7 000 名新生儿患有这种病。这些孩子中约有 50％在生命的第一年需要手术，2/3 的孩子可以通过及时诊断和治疗而摆脱疾病。阿根廷卫生部的"国家先天性心脏病计划"（PNCC），负责协调阿根廷 24 个辖区中患有先天性心脏病的新生儿的转诊、治疗和监测，对需要手术的新生儿提供手术，这是公共卫生系统提出的全覆盖计划。

（2）早期发现和关注听力损失的国家计划。根据阿根廷国家法律，该计划要确保每个新生儿都可以尽早进行听力观察，并在需要治疗时给予及时治疗。例如，通过耳声发射（OEA）观察，一旦发现听力有问题，则要提供免费的助听器，并开展相关的治疗和康复。

（3）初级口腔保健计划。该计划的目的是通过有效执行初级卫生保健框架内的行动和计划，推进旨在减少口腔疾病的卫生措施。提出覆盖所有年龄段的差异化方案并开展合作，制定全面、综合的战略。

（4）国家口腔癌预防计划。其主要目标是通过培训该专业的卫生人员，提升医疗技能水平，不断降低国家口腔癌的发病率和死亡率。

（5）国家口腔康复计划。该计划旨在全国范围内开发口腔康复、牙科护理系统，使部分或全部无牙的群体普遍获得及时和全面的援助，要结合预防、护理和口腔康复等工作同时推进。

（6）社区团队计划（PEC）。作为一项国家级政策，其目标是加强一级医疗保健的人力资源开发，为促进初级卫生保健战略做出贡献。该计划通过向来自不同学科的社区专业人员和非专业人员提供在职培训的财政支持，加强一级医疗卫生团队建设。对社区卫生方面的专业人员和非专业人员进行管理、规划和多维度培训，以解决普遍性和新出现的社会和卫生问题。

（7）国家家庭和社区卫生计划（PSFYC）。该计划的实施，有助于加强家庭和社区卫生小组的培训，促进组建家庭和社区卫生团队。该计划的主要内容包括：对家庭和社区卫生团队开展在职的持续教育培训，促进高质量医疗、保健和康复；从文化、精神、生物、心理等角度，为个人、家庭和社区提供全面的、连续的、综合的、跨学科的医疗保健；促进和加强社区的积极参与。

（8）国家土著人民健康计划。该计划以跨文化的视角，促进全国土著社区公共卫生医疗的覆盖率和可及性。通过制定预防和促进健康方案，减少土著居民的发病率和死亡率，协调官方药品与土著药品之间的互补性；为来自不同土著社区的人员开展培训活动，以促进跨文化性的公共卫生服务的普及；强化国家卫生部、省卫生部、国家土著事务研究所、国际筹资计划以及其他国家部委的联系并共同制定具体计划，以协调针对土著居民的行动和政策。

（9）儿童健康饮食计划（ASI 计划）。儿童健康饮食计划是一项旨在2019—2023 年，控制 18 岁以下儿童和青少年超重和肥胖，保护其健康的国家战略计划，也是一项阐明有关健康权、健康饮食和促进身体活动的法规。它要求通过适当饮食、充足的运动和营养，使家庭和社区养成健康的生活习惯，照顾遭受营养不良影响的社会群体。同时，采取行动减少儿童和青少年久坐的生活方式并引导他们开展运动，促进形成积极的生活方式。该计划涉及的技术文件主要包括：《健康学校环境准则的决议》《全国儿童和青少年健康饮食预防男孩、女孩和青少年超重和肥胖症国家计划》。

（10）空气质量与健康计划。阿根廷是一个联邦国家，地方当局负责保护自然资源，并服从联邦政府的监管。国家卫生环境协调局负责推进该项国家计划，主要职责包括：向各省和市提供建议，督促制定地方空气质量和健康计划；收集、处理由空气质量网络实验室获得的空气质量监测数据，并提交给全球空气数据库；向空气质量网络实验室提供资金，以支持其运行并确保信息收集的连续性；在各省市的专业技术人员的参与下，举办大气污染物引起的风险评估和管理各类培训班。

二、公民的"健康权"立法和人力资源开发

1. 健康立法

阿根廷的"健康立法"是关于医疗卫生的主要法律，也是国家一般立法的重要部分，是由国民议会或立法机关针对公民健康制定的一系列法律规范，其他机构根据其各自的权力进行相关的地方立法。其主要内容是"促进国民的整体福利"和"加强司法公正"，通过预防、康复等保护居民的健康，规范所有卫生部门和机构的运行。

在阿根廷，"健康立法"中提出"健康权"是一项国家义务，国家应承担

以下任务。①国家必须保护公民的健康。法律提出可以预防的疾病必须进行预防，如饮食失调以及酒、香烟和麻醉药品的不当使用。②国家必须提供适当的生活水平和条件。国家必须确保所有人平等获得基本健康权，例如食物、饮用水、健康的工作条件和环境、健康教育等。③国家必须保证公民享有最高水平的健康。法律明确，个人患病以及采用不健康或冒险的生活方式通常对人的健康有重要影响，因此，必须将健康权理解为享有为实现最高健康水平所必需的全部设施、商品、服务和条件的权利。④国家必须保证公民获得医疗救助。国家通过提供医疗或提供基本药物来维持公民的生命。国家可以委托该职能由卫生系统三方（公共卫生、行业保险和私人医疗）承担。⑤国家必须在可用资源的范围内允许采用通过扩展和应用现代医学知识来实现健康权的获得。⑥国家必须制定立法并促进采取积极行动措施，以确保儿童、妇女、老年人享有健康权和行使健康权。

2. 卫生人力资源开发

（1）建立联邦卫生人力资源观察站。联邦卫生人力资源观察站（OFER-HUS），是在"国家卫生部人力资源理事会"下创建的（第2019-1901-SGS-MSYDS号决议），是加强、评估和监测卫生人力资源政策的平台。

联邦卫生人力资源观测站的主要职能包括：通过教育、文化、科学和技术等部门提供的信息以及国家人力资源主管部门提供的信息，分析各级卫生人力资源的培训情况和发展趋势，以便做出有助于发展的相关预测；通过国家劳工和就业政府秘书处提供的信息，分析卫生服务系统所有人员的状况和发展趋势；制定相关标准，使民众能够了解卫生工作者的数量、分布、特征及其迁移趋势；通过统一、协调相关机构，建立标准化数据收集方法，为加强信息系统做出贡献；鼓励开展关于卫生人力资源的研究和技术开发；通过泛美卫生组织及世卫组织网络卫生图书馆，定期更新本国数据库中的书目和材料，整合并不断促进卫生人力资源的研究，传播科学成果；与其他国家或国际观察站的行动协调一致，以促进卫生人力资源领域的发展。

（2）开展永久健康教育。永久健康教育方法作为一项系统和全面的战略，不仅通过更新知识或提高技术能力来提升卫生团队的业绩，而且还要促进卫生服务实践的转变。

永久健康教育（EPS）需要向卫生部所有部门和附属机构提供教学建议和技术援助，包括制定课程计划或其他形式的模拟培训。提供教育设备，如会议或工作网络所需的设备。永久健康教育遵循培训全过程原则，即从制定培训开始到实施培训，直至完成和最终提出评估等，有助于全面改善卫生服务的质量，有助于持续加强人力资本的教育。

在信息技术快速发展的背景下，永久健康教育离不开网络平台的支撑。虚拟健康平台（PVS）是卫生部针对全国卫生人员和管理人员，提供具有官方认证培训的一个教学平台。该平台提供各种教育建议，包括接受虚拟教育、提高自我管理能力或接受面对面教育的建议等。2008 年以来，已与泛美卫生组织和世界卫生组织公共卫生虚拟校园（CVSP/PAHO）开展了技术合作，以加强永久性健康教育计划实施。截至 2019 年，卫生部及相关部门通过虚拟健康平台（PVS）提供了大量的以医疗团队为主要接受者的教育培训。该平台已成为开发综合管理系统和卫生教育培训的基础工具。目前，卫生部的相关部门与各司法管辖区共享管理、研究和传播活动。同时，与国家远程医疗计划配合工作，利用其节点网络进行同步远程教育会议，开展培训管理。

三、建立广覆盖的医疗保障制度和医疗服务体系

阿根廷自 20 世纪 90 年代开始，为使每个公民都能享受公平、高质量的医疗卫生服务，积极推行医疗制度改革和创新，不断提高医疗卫生的质量和效率，促进预防、医疗、保健的覆盖面和普及率，特别是关注贫困人口、边缘人群的卫生服务问题。建立广覆盖的医疗保障制度，主要包括全民免费医疗制度、行业医疗保险制度和商业医疗保险制度。全民免费医疗制度主要由公立医院向全民提供免费服务，主要覆盖的人群包括贫困和极度贫困人口、无工作人员等，约占全国总人口的 48%。行业医疗保险制度具有一定的强制性，覆盖全国总人口的 45% 左右，与我国的职工医疗保险制度类似，所需资金主要来源于雇主和个人。目前执行的总税率为 7.5%，其中雇员 3%，雇主 4.5%。行业医疗保险制度按照行业和部门设置，并实行单独管理。以行业协会与公立医院或私立医院签订合同的方式，向参保人员提供近乎免费的医疗卫生服务；为满足高收入阶层的需求，建立基于市场化的商业医疗保险体系，覆盖全国 7% 左右的高收入人口，所需保险费用主要来源于个人。政府鼓励商业医疗保险机构发展，给予其税收政策优惠，雇主和个人购买商业医疗保险的费用均可从税前列支。

在建立医疗保障制度的同时，建立与其适应的医疗服务体系。阿根廷的医疗服务体系主要包括公立医院和私立医院两部分。目前全国有 20 000 余所公立医院和私立医院，约有 58 万名医疗卫生服务人员。公立医院为全体公民提供免费的医疗服务，主要由州政府为其提供运行管理费用。为更好利用社会资源提高医疗卫生公共服务的广度和深度，阿根廷鼓励支持发展私立医院，行业医疗保险和商业医疗保险公司均可与私立医院签订合同，以向参保人提供多样化、个性化、高端化的医疗服务。

从药品的采购和提供来看，政府按照"中央采购门诊药品、省级采购住院药品"的原则要求，国家卫生部和省卫生部门共同确定约 100 种门诊常用药品清单，由国家卫生部采取公开招标的方式集中采购，通过公立医疗系统向民众提供免费药品，这部分药品大体满足民众 80% 左右的门诊用药需求，其余门诊用药则由省级采购或由患者自行采购补齐。各省自行采购 350 种左右的住院药品，向公民免费提供。

阿根廷不存在城乡二元的公共医疗体系，农民作为公民，同样能享受免费的公共医疗服务，这是阿根廷农村地区社会稳定、贫困现象并不严重的主要原因之一。阿根廷公立医院提供完全免费的服务，农民在公立医院可享受就诊、检查、化验等免费服务，甚至连器官移植这样复杂昂贵的手术都是免费的。由于阿根廷的公立医院主要是为低收入和没有社会保障的群体服务，就诊环境不如私立医院和工会医院，需要预约和等候时间也较长，阿根廷中高收入群体很少去公立医院看病，这就使医疗资源实现了有效分流，为解决贫困人群或边缘群体的看病问题提供了保障。

为更好实现卫生服务全覆盖，阿根廷国家卫生部提供便捷、保密且个性化的电话咨询服务，咨询内容覆盖常见病、特殊病、流行病及对一些特殊群体的特殊服务等，咨询时间在周一至周五的上午 9 点至晚上 9 点以及周末和节假日的上午 9 点至下午 6 点。农民可以通过电话咨询经过专业培训的顾问，并会得到迅速的指导和建议，以便做出利于健康的决定。如有必要，农民还会依据顾问的意见，到附近的公共卫生中心或医院得到进一步的诊疗。

第三节　农村社会保障

社会保障是实现社会凝聚的重要支柱，是应对社会风险、维护社会公平、增强社会融入感的一项重要制度安排。历史上，拉丁美洲是全球社会矛盾最为突出的地区之一，受欧洲国家影响，逐步建立起社会保障制度。进入 21 世纪，拉丁美洲国家开始越来越重视社会问题的应对和处理，社会政策的重要地位日益显现，社会保障制度也处于不断改革和完善的过程中。随着执政理念的转变，"反对社会排斥、增强社会融入、实现社会凝聚"成为新一轮社会政策的目标。

阿根廷是拉丁美洲地区最早实施社会保障制度的国家之一，也是社会保障制度发展较快的国家，目前已建立起包括养老、医疗、失业、社会救助等比较完善的社会保障体系。

一、阿根廷社会保障的发展过程

阿根廷施行社会保障制度始于 20 世纪的初期，迄今已有上百年的历史。

在 20 世纪初期及之后的若干年间，阿根廷当时的殖民政府为政府雇员、军人和教师等提供养老金和抚恤金。在 1904 年，阿根廷政府颁布一项法令，将养老保险作为一项社会政策在全社会推广，建立第一个全国性的养老基金，服务对象主要包括中央政府、经济自主机构和国企等雇员。从此，养老保险在全社会的覆盖面不断扩大，从铁路工人到公用事业部门、银行保险、新闻出版、商业和工业企业等职员。当时由于养老保险覆盖面的不断扩大，工业、建筑、矿业、运输等部门的工伤事故和职业病保护问题相应引起重视，于是，关于相关部门的职业风险保护政策也陆续出台。总体看，这个时期，无论是养老保险还是职业风险保护的制度都不够健全，还未实现规范化发展，体现出临时性、应急性特征。

进入 20 世纪中期，随着国内经济的快速发展，阿根廷政府加强对社会保障制度的改进，积极推行社会福利政策。政府颁布多项法令，实现保障模式的创新，推行分摊制模式，即社会保险资金来源由雇主、工人和政府共同分担，这一模式延续到 20 世纪 90 年代。与此同时，享受社会保险的覆盖面不断扩展，农业工人、大学教师、企业管理人员、家政人员和自由职业者都被纳入保险覆盖人群，数量急剧增加。1944 年，阿根廷实施第一个医疗补助计划，覆盖人群包括铁路工人、海员、保险部门职员，随后工商业部门和农业工人也相继获得医疗补助。20 世纪 80 年代末，阿根廷已建立起较为完善的社会保障制度，实现包括养老、失业、疾病、生育和工伤在内的所有主要保险，具体保险项目达到 35 种，享受养老金和医疗保险的人数已占经济独立人口的 60%～97%。此外，政府还通过建立公立医院和实施津贴计划等，为社会贫困阶层提供医疗服务和社会救济。

为进一步健全社会保障制度，阿根廷政府不断强化社会保障体制和机制的改革。针对社会保障，不同部门和不同行业具有自我的基金和管理体制，到 20 世纪 60 年代中期，由 10 家国家基金银行管理共有的 13 个社会保障基金，而不同银行的管理、运行，尤其是融资模式不同，各有自己的章程和条例。为解决这种碎片化问题，1967 年政府通过新的法令，将 13 个基金融合为 3 个，即国家和公用事业人员基金、工商和私营企业雇员基金以及自由职业人员基金。1968 年，又把前两者合二为一，统一管理所有领取工资的职员和受雇工人的养老金。同时，为更好实施社会保障基金的管理，阿根廷社会保障福利部设立两个秘书处，社会保障秘书处和卫生秘书处，主要分工如表 9-7 所示。

表 9-7　阿根廷社会保障福利部的职责分工

社会保障福利部	主要职责
社会保障秘书处	协调监督养老金计划、职业风险保护计划、家庭津贴计划、失业补偿计划和人寿保险计划的财政和行政管理工作
卫生秘书处	管理国立医院网、监督私立医院，并设有分管退休人员和养老金领取者的医疗保健计划、各工会医院及各社会福利机构的分支机构

资料来源：根据阿根廷政府网站整理（http：//argentina. gob. or）。

进入 20 世纪 90 年代，阿根廷政府对经济政策进行大幅度调整，推行自由市场经济和对外开放政策取得初步成效后，着手改革社会保障制度，建立与新的经济发展模式相适应的社会保障制度。这一时段，社会保障制度变革突出表现为将私营管理引入社会保障计划，例如引入私营部门举办医疗保险计划，允许私营机构参与医疗服务的管理，以加强与公共医疗机构的竞争，提高医疗服务质量和效率。同时，进一步转变政府在社会保障中的职能，不断强化对于私营养老金市场的监管，并将医疗等方面社会服务的经营管理权下放到地方政府，以此降低中央政府的财政责任。

进入 21 世纪，阿根廷开始新一轮的社会保障制度改革，放缓私有化的改革步伐，如在 2008 年后，着手进行的私营养老金的国有化改革，加强了国家对养老金的管理，不断健全社会保障的项目，加大国家社会保障支出，并积极拓展社会保险金筹资渠道，在提高保障水平的同时又进一步突出保障制度的公平性、公正性和可及性，促进社会的稳定与和谐。

二、阿根廷社会保障的主要内容

（一）养老保障

1. 经过第一轮改革的养老保障制度

阿根廷实行养老保险已有上百年的发展历史。20世纪80年代伊始，由于经济恶化、人口老龄化和失业率上升等问题叠加，导致阿根廷一直实施的现收现付型的养老保险模式弊端日益凸显，养老保险基金收不抵支，财政亏空严重，养老保险体制碎片化问题十分突出。为了解决这些难题和困惑，阿根廷于1994年对其养老金制度进行较大力度的改革，采用混合式的养老保险计划，该计划由第一支柱和第二支柱构成，第一支柱是全国统一的基础性养老金，实行现收现付制，由国家社会保障局（ANSES）统一管理，雇员按工资的16%缴费，享受统一的养老金待遇，约为平均工资的28%。第二支柱由辅助性的现收现付型养老保险计划和累积性的养老保险计划两部分组成，参保人员可以在两者中自由选择。辅助性的现收现付养老保险同样由国家社会保障局管理，参保人员缴费比例为工资的11%，养老金待遇根据缴费年限和退休前平均工资决定，约为平均工资的30%。累积性的养老保险由私营的养老基金管理公司管理个人养老金账户，缴费比例同样为11%，雇员退休时的养老金待遇取决于账户资产积累的水平，约为平均工资的35%，较前者相对有利。当时大约有87%的参保人员选择私营基金管理公司。

2. 经过第二轮改革的社会保障制度

2008年，阿根廷对其社会保障的模式进行国有化改革。养老保险计划中取消了个人账户计划，新的养老金制度被称为阿根廷统一养老金制度（SI-PA），其第一支柱仍为基础养老金，第二支柱为与收入相关联的现收现付计划，两者均为现收现付制。在原制度的第二支柱中，选择个人账户计划的参保者被转入现收现付计划，并规定雇员在个人账户计划下的缴费历史视同新制度下缴费年限。从2008年12月1日起，第一支柱和第二支柱的现收现付计划由国家社会保障局（ANSES）统一管理，参保人的缴费也统一由国家社会保障局征收。

阿根廷养老金国有化后，私营的养老基金管理公司（AFJP）所管理的养老基金上交国家社会保障局，并入现收现付制度下的"可持续性保障基金"。该基金属于"阿根廷统一养老金"体系，是现收现付制度下的收支余额储备。基金的投资范围限于 1993 年"统一养老金法"规定的一些内容，包括政府债券、公司债券、可转换债券以及国内公司股票、共同基金等证券产品，此外还可投资于基础设施和生产性部门。国家社会保障局负责管理的新制度下可持续性保障基金，由国会设有的社会保障基金管理委员会进行监督。

由私营的养老基金管理公司（AFJP）支付的个人账户计划养老金待遇，在统一转由国家社会保障局（ANSES）负责支付后，如破产，政府会承担一定的赔偿。距离法定退休年龄十年内的参保人可向国家社会保障局（ANSES）提出申请，按照原个人账户计划的计算方法领取退休金。

3. 养老保障制度的总体效果

从第一次养老保障制度的改革来看，除公务员群体外，全国形成统一的制度模式；在保留现收现付制基础上引入积累制的个人账户，体现渐进改革特点，并在政府严格监管下，私营养老基金管理公司实行市场化运作，投资回报率也保持着较高水平。改革使社会保障制度逐渐完善，解决了基金管理效率低，人口老龄化带来的社会风险问题，同时也在一定程度上减轻了政府财政负担，养老基金对于繁荣资本市场和促进经济增长做出一定的贡献。

但总体看，阿根廷养老保险计划改革前的覆盖率超过 50%，改革后则为 26%，对于投保覆盖率的影响，可以说，养老保险改革的成效是负面的，参保人数没有增加反而降低了。从制度设计看，一部分人没有正规的就业单位，而公司和个人的统筹投保方式不适合这部分人群。由于许多人的反对和大量非正式部门的劳动人员没有进入这一制度体系成为改革失误的主要原因。同时，参保的手续费比较高则是另一个原因。私有化的养老金计划没有收入再分配功能，直接影响低收入者的缴费积极性；缴费率偏高，导致中低收入者的缴费负担重，低收入者收入和就业不稳定，导致无法保证长期连续缴费。低覆盖率，失去了全民养老保障的意义。此外，基金管理公司面临市场竞争，势必造成市场营销费用较高，使得养老金管理成本居高不下。养老计划的高管理费用对于低收入者影响很大，对其养老基金的投资收益率也有重要影响，在很大程度上降低了养老金计划的优越性和吸引力，造成养老计划的较低覆盖率。

2008 年开始的养老社会保障制度的国有化改革，也是基于养老保险计划存在的问题和难点所展开。一方面，通过相关立法和政策的调整，将更多的社会群体纳入这一制度体系，进一步扩大养老社会保障的覆盖面；另一方面，不断加大政府的转移支付等，增加社会保障的支出，使更多的社会弱势群体能够从这一制度中受益。

（二）失业保险制度

失业保险制度是社会保险制度的重要组成部分。阿根廷于 1967 年针对建筑行业进行了失业保险的立法。1992 年，面对 1989 年的经济危机造成的大规模失业，政府进行全行业的失业保险立法，使失业保险制度覆盖所有正式就业人员，将公共部门和家庭企业的就业人口、自主就业和非正式就业人口排除在外。虽然覆盖面广，但失业保险制度不仅对于受益人员的工作时间有着严格的限制，而且每年覆盖人群只有 30 万人左右，约占官方统计的失业人口的10%。失业保险的费用由雇员和雇主双方共同承担。其中雇员缴纳其收入的1%作为失业保险费，雇主的失业保险费率则为工资总额的 1.5%。享受失业保险待遇人员，在失业前应已缴纳 12 个月的失业保险费。已经参加失业登记，正在等待合适的工作机会，并没有获得其他社会保障的待遇。失业者的失业保险金为其失业前 6 个月的最高月工资的 60%。享受失业保险金的期限在 4~12个月之间，具体的享受期限根据失业前的 12~36 个月之间的投保时间长短来确定。失业保险金设定最低、最高待遇标准，最低月失业保险金为最低工资。至于较为特殊的建筑行业，雇员离职或退休时，还享受特殊的解雇费待遇，具体待遇标准为雇员每服务一年，雇主支付一个月的工薪作为解雇费，最高的月解雇费待遇可达 3 倍的法定最低月工资。为鼓励重新就业，受益人领取的保险金随着失业持续时间递减，失业时间越短得到的保险金越高。阿根廷规定失业4 个月以内，均可获 100%原工资收入的失业保险给付，而失业期超过 4 个月便逐月降低给付，直至 60%。阿根廷失业保险金等待期较长，最长达到 120天，而其他国家一般为 3~7 天。等待期较长，对于保险金的支付及其效果带来一定的影响。阿根廷失业保险由国家社会保障局具体执行，由国家劳工与社会保障部负责监督。

为解决本国失业问题，实现社会稳定，阿根廷政府在建立失业保险之外，还开展了一系列促进就业项目，提高社会的就业率。①创造就业项目。一部分项目是由政府完全投资的劳动密集型公共建设项目，由联邦政府统一投资，交由地方政府或非盈利性组织管理，在短期内带动了一定的就业。还有一部分项目是由政府对私人部门进行补贴以增加中长期就业，包括对于少于100名雇员的小型企业和新建的农林企业等进行补助，以增加就业的人数。②职业培训项目。针对本国失业人口中的青年人、缺少技术的工人占比高的特点，政府开展一系列的职业培训，培训项目内容和形式丰富，有的是针对工作经验少且缺乏技术的青年人，有的是针对技术过时而被淘汰的失业人员。此外，为积极引导贫困人口就业，政府制定了"失业家庭户主计划"和"家庭融入社会计划"，其最终目的是为了减少阿根廷失业人口数量，维护社会公平和稳定。这两个计划主要从家庭方面入手，家庭人口数量不同，获得的补助存在一定的差异。

据相关部门统计，阿根廷就业率在2020年6月为33.4%，与2011年的43.3%相比，下降了近10个百分点。为此，阿根廷经济部长不断呼吁采取包括现金转移、补贴以及延长失业保险等措施，积极应对较低的就业率问题。

阿根廷失业保险制度的总体效果：在失业保险受益人中，只有6%的受益人月收入低于300比索，51%的受益人月收入为300~600比索，17%的受益人月收入高于1 000比索。由此可见，失业保险项目的主要受益人是中等收入的人群，而不是最需要得到帮助的最低收入人群，失业保险金没有实现保障最低生活水准的功能。政府提供的主动促进就业项目有着较强的针对性，起到一定的促进就业作用。但同时看到，与较高的失业率相比，政府的项目投入还是非常有限，项目总支出占GDP的比例低，导致项目规模较小，受益的失业人口有限，同时部分促进项目提供的就业期限是短期，无法解决大部分失业人口的长期再就业问题。另外，失业保险项目的管理也存在一定的漏洞，部分受益人一边从事着非正式工作，一边继续领取失业保险金，资源有限却又存在浪费问题，而由于非正式工作的隐蔽性，管理部门难以监管到这种舞弊行为。

（三）社会救助

社会救助，不同于"普惠型"的社保制度，是国家和社会应对临时性的社会风险或其他多种原因导致公民的生活陷入生存困境，给予的物质扶助和一定的援助，以保障其最低生活需要的制度。20世纪80年代以来，随着拉丁美洲国家"新自由主义"福利体制的改革和转型，阿根廷逐步建立起以个人保障为主、社会救助为辅的社会保障制度框架。社会救助对象包括贫困家庭、儿童、妇女、老年人、残疾人和失业者等，救助项目包括现金转移支付、教育培训补贴、食品补贴、儿童补贴、老年救济金等。20 世纪 90 年代以来，阿根廷开展新一轮社会保障的改革，政府不断加大社会保障支出，针对低收入群体开展了更加有效的社会救助。

传统的社会救助主要是为贫困群体提供现金资助和食品援助，以满足救助对象基本的生存需求，但这种救助具有一定的消极性，是扶贫而不是扶智，不能促进贫困对象进行人力资本的积累，无法彻底改变其贫困状态。为此，阿根廷政府对部分社会救助项目进行改革，采取"条件式"的现金转移支付方式，将救助资格和教育培训等人力资本有效地融合，以促进贫困家庭的人力资本的积累，实现长期内有效改变并消除贫困的目标。例如，在阿根廷，由于中学生这个年龄段的孩子失学率最高，为此，政府主要面向中学生发放以接受学校教育为条件的救助金，提升贫困群体的受教育水平。此外，阿根廷的公立学校提供了从幼儿园到中学的免费教育，贫困家庭的儿童不仅可以免费上学，还可以在学校吃到一顿营养有保障的午餐。

传统的社会救助对象是弱势群体或贫困人群，如老年人、儿童、残疾人等，受助以个体为单位，这在某种程度上忽视了这些受助个体的各自家庭情况及受家庭状况影响的现实。改革后的社会救助项目不再针对个体而是针对家庭，重点关注受助家庭的收入情况，同时提高目标定位的精准性，以提高稀缺资源的救助效用，使真正的贫困家庭得到救助。有关资料显示，阿根廷依靠社会救助的家庭占全社会比例从 20 世纪 90 年代的不足 10％增长到了 2010 年的40％。2020 年，为积极应对新冠肺炎疫情给民众家庭收入带来的影响，阿根廷政府在 4 月、5 月连续发放贫困家庭紧急救助金后，6 月再次对约 900 万困难民众发放紧急家庭收入。阿根廷政府官员表示，紧急家庭收入是帮助非正式工作者等困难人群的一项基本工具，已成功避免了 270 万～450 万人陷入短期性贫困。

传统的社会救助更多的是针对一事一人，内涵不够丰厚。为更好地发挥社会救助的功能，阿根廷将社会救助与扶贫等公共政策有效衔接，进一步放大救助的效应。长期以来，阿根廷实施大农业政策，实行土地规模化，广泛应用农业信息技术和生物技术，推行发达的农业社会化服务，全面加强农作物产量、种植、收割、仓储和销售为一体的产业融合，使阿根廷成为现代农业发展的典范，最终成为"国际粮仓"。尽管阿根廷农业创造了巨额财富，但是没有改变阿根廷乡村的贫困现象。目前，阿根廷贫困人口数量占 29.9%，多数集中在农村地区，尤其是原住民地区，主要是没有固定收入的农村家庭妇女、雇工和多子女家庭。由于土地的集中化和贫困，必然导致许多农民离开土地进入城市。在城市尚不能提供足够就业机会的情况下，农民离开土地也就意味着失业和贫困。为此，阿根廷农业部门曾经做过一个调查，得出的结论是：如果一个农民离开农村而变为城市贫民，政府需要为他一生的养老、卫生、治安等总共开支约 5 万美元。对于发展中国家来说，这显然是一个政府无法承担的数字，因此，阿根廷政府的思路是，资助一个农村家庭脱贫比补贴一个失业的城市家庭要经济得多。因此，阿根廷已不再对农民离开土地采取放任的态度，而是推出了一系列贫农补贴政策。具体脱贫项目在资金上包括两个方面，一是无须偿还的补贴，可用于购买牧场铁丝网、畜棚、小型拖拉机、蔬菜暖棚等；二是无息贷款，用于购买种子、秧苗、化肥。除了资金支持之外，脱贫项目还包括技术指导、帮助销售产品、农技培训 3 个方面。该项政策惠及阿根廷近一半的贫困农村家庭，有效规避了贫困农户进入城市成为失业群体的风险。

2015 年，随着阿根廷总统马克里上任，政府更加关注农村发展及减贫问题。在其推出的《农村发展国家战略》中，以支持农户为中心内容。在此战略下，阿根廷建立了家庭农业全国论坛，中小农户共同探讨农村发展政策。具体做法是，推动建立农业合作机构，改变传统低收益生产，向可持续和高回报农业过渡；鼓励农村青年投入生产活动，改善土著社区的食品安全，向受益人和社区组织提供企业支持服务。各机构组织进行协调，共同为减少贫困而努力。农村脱贫战略共设 5 个计划，总投入 1.58 亿美元，使 4.3 万个家庭直接受益。农业发展区的巴塔哥尼亚地区，由于受地理和气候条件影响很大，农村贫困人口较多，基础设施落后，缺少薪资待遇好且可持续的就业。该地区乡村发展战略从提高贫困人口收入入手，以向市场提供产品为导向，通过技术和资金扶持他们从事贸易活动。对少数民族土著则有特别政策，进行生产和投资培训。西北部和东北部地区的乡村发展战略也都有各自地区的特点，如对高原农业、高原地区土著人口进行有针对性的脱贫指导，使他们能够过上自给自足的生活。

阿根廷对社会救助进行的重大改革与实践，进一步完善了社会救助制度，由传统的扶贫逐渐转向扶智与扶志，缓解了贫困并促进贫困群体的人力资本发展，同时也丰富社会救助的内涵，体现了社会救助的新的价值取向，有效改变了社会救助在社会保障系统中的边缘地位，为发展中国家减贫、脱贫提供了实践示范。同时也要看到，由于人力资本投资成本高、时间长，其效果需要长时间考评，同时对于困难家庭的甄别也需要技术投入和时间成本，因此，社会救助的改革必然是一项长期的系统工程。

第十章 CHAPTER 10
中国与阿根廷的农业合作 ▶▶▶

::::::::: **第一节　中国与阿根廷农业合作的基础** :::::::::

一、中国与阿根廷农业合作的利益共同点

阿根廷近年来致力于经济改革，积极改善投资环境，鼓励外商投资的农业及农产品加工的领域有：林业、食品加工业、渔业（水产养殖、远洋捕捞）等。另外，阿根廷政府鼓励投资或生产的政策或法规对国人和外商一视同仁，配合产业结构重整对企业税收减低，并给予相关退税及减税等有多方面的优惠政策，加上地方政府的相关经营优惠，可以大大降低投资者的生产成本。2004年底，中国和阿根廷（以下简称"中阿"）确定了战略伙伴关系，为两国企业发展提供了巨大商机。中国与阿根廷产业结构及外销产品之间具有很强的互补性，并且阿根廷位于南美洲南部，气候与北半球正好相反，在阿根廷投资食品加工、肉类及水产加工，以及利用阿根廷丰富的农牧渔业资源发展远洋渔业、皮革加工、羊毛加工、棉纺纤维加工、皮革处理等都具有广阔的发展潜力，若加强相互拓销及采购，未来双边贸易与投资极具成长空间。

从贸易和投资前景看，一方面中阿政治关系稳定，阿根廷迫切希望进入巨大的中国市场；另一方面，中国也需要扩大阿根廷市场开发规模。联合国拉丁美洲经济委员会认为，中国经济近年来的强劲增长和从拉丁美洲进口的扩大，有力地刺激了拉丁美洲经济。中国对阿根廷扩大农产品贸易与投资，促进了阿根廷经济复苏，对中国农产品目标市场的多元化也极为有利。

阿根廷农业资源丰富，农业生产技术先进，农产品贸易在全球占有重要地位，中阿两国在农业领域合作前景广阔，阿根廷也非常欢迎中国企业投资农产

品种植、农业基础设施建设、良种繁育以及生物育种等领域。

阿根廷农业技术较为发达，是较早运用生物技术的发展中国家，转基因技术在农业领域运用广泛。近年来，中阿农业贸易扩大的同时，农业科技交流也不断增多。

中阿农业合作开展较早，曾探讨在阿根廷进行农业开发项目，但效果不佳。近年来，随着中阿农产品贸易规模的不断扩大，阿根廷农业领域的投资机遇加大，中国一些企业在阿根廷进行农业合作项目积极性较高。2014年初，中国农业类投资企业对海外农业投资额达到了近100亿美元，其中中粮集团完成了两起重大并购：一起是对尼德拉公司（Nidera）的并购，这是一家掌控南美市场一手粮源和领先的种子业务的跨国企业；另一起是收购来宝集团旗下来宝农业有限公司（简称"来宝农业"）。中国官方通过收购释放出一个明确的信号：中国未来将不断扩大对外农业投资。

中阿农业科技合作的另一个重要成果是阿根廷动物疫苗领军企业生源霸科公司同上海海利生物技术股份有限公司合资在华设立口蹄疫疫苗生产基地。从农产品贸易到农机制造再到生物科技，中阿农业合作正由窄变宽、由浅入深。随着两国农业部门相互了解的加深，更多的合作领域和机会将随之浮现。

二、中国和阿根廷农业合作的重要发展历程

中国和阿根廷于1972年2月19日建交，2004年两国建立战略伙伴关系。目前，中国已成为阿根廷第二大贸易伙伴，2011年中阿双边贸易额达到171.19亿美元，占当年阿根廷外贸总额的10.82%。中国已成为阿根廷第三大投资来源国，仅次于美国和西班牙。

在中阿经贸关系中，农业合作一直占有重要地位。1988年5月16日签署《中华人民共和国政府和阿根廷共和国政府关于中国农业科学院和阿根廷全国农牧技术研究所合作计划的协定》。在此框架下，两国农业科研机构开始了一系列的农业技术交流与合作。1988年5月16日签署《中华人民共和国政府和阿根廷共和国政府关于动物检疫及卫生合作的协定》，在此协定框架下，成功推动了阿根廷牛肉、禽肉输华质检协议的签署，出于对阿根廷经济困境的理解，近年来中方在阿根廷主要出口产品——农牧产品方面放宽了限制。2002年中阿政府正式签署了3个有关农牧产品贸易的检验检疫议定书。2003年两

国已经达成质检协议，允许阿根廷养殖牛肉进入中国市场。阿根廷向中国出口的肉类产品仅限于热加工牛肉、熟牛肉和南纬 42°以南区域生产的去骨牛肉。除了牛肉外，阿根廷还可以向中国出口苹果和梨，酸性水果和烟草目前也在相关质检协议框架下实现了对华出口。2017 年，阿根廷对华农产品出口额为 35.96 亿美元，其中大豆、冷冻无骨牛肉、虾和对虾分别占 67%、11%、6%。

中国是传统的渔业大国，拥有丰富的渔业生产与管理经验及充足的资金和成熟的渔业装备，且国内水产品消费市场巨大，但中国面临的问题是水产品加工企业原材料供应不足。中国政府对企业国际化的扶持力度不断加大，且重视远洋渔业的发展，因而中阿两国在渔业产业结构方面具有互补性，合作前景广阔。中国与阿根廷的渔业合作始于 1986 年，但仅限于与阿根廷渔业公司合作成立合资公司，直接购买阿根廷水产品，或通过出资为阿根廷造船以换取渔获物。

1994 年，上海水产（集团）总公司上海远洋渔业有限公司在阿根廷成立强华渔业公司，并成功获批阿根廷渔业局颁发的 4 张捕捞许可证。2004 年起中国其他几艘在西南大西洋作业的大型鱿钓船以合作形式划归强华渔业公司管理。强华渔业公司 2008 年斥资收购了阿根廷当地的一家冷冻加工厂，中阿双方组成生产加工营销团队，成功设计出产品回国的最佳盈利模式。总体来看，中阿已有几十年的渔业合作实践经验，从纯粹的租赁渔船发展到合资、独资公司等合作模式，合作领域也拓展到了水产品加工等方面。

2010 年 1 月，阿根廷政府表示将与中国签署渔业合作协议，以此来加强两国在渔业捕捞和生产等领域的合作，并于同年 3 月共同签署了《中华人民共和国农业部与阿根廷农牧渔业部关于渔业合作的协议》。合作协议的签署不仅进一步加强了双方在远洋渔业方面的合作，并将合作拓展到捕捞技术、水产养殖、水产品加工、渔业资源养护与管理等领域，以期实现全方位的渔业合作。此外，中阿渔业分委会也随之成立，协调两国渔业合作事宜。2013 年 6 月，阿根廷同意中国 20 艘渔船入渔。2014 年，上海水产集团公司斥资 2 250 万美元，整体收购阿根廷阿特玛公司，取得 4 艘渔船捕捞红虾、鱿鱼、鳕鱼等优质渔业资源的许可证。

随着中国经济飞速发展，对能源的需求与日俱增，而阿根廷具备丰富的能源资源禀赋，中国在阿根廷投资初期主要集中在资源型部门，如石油、天然气和矿产资源。2009 年，中国石油、中海油收购雷普索尔 YPF 公司在阿根廷的油气资产。2010 年中海油出资 31 亿美元与阿根廷布利达斯石油公司合作成立合资公司。2011 年以后，中国在阿根廷的投资逐步向可持续发展的基础设施、农业、机械工业、汽车制造业、电子产业和服务业等领域，并形成市场导向型、效率导向型和资源导向型的多元化投资格局。2015 年中阿签署《关于在阿根廷合作建设压水堆核电站的协议》，更是把对阿根廷在高科技领域的投资推向新的高峰。

2014 年，中国农科院与阿根廷农牧业技术科学院签署合作谅解备忘录，确定了在农业科技领域的合作事宜。2015 年 10 月，中国热带农业科学院与阿根廷国家农业研究院签订了合作谅解备忘录。

2018 年 11 月 24 日至 12 月 2 日，中国热带农业科学院代表团赴阿根廷国家农业研究院，推进畜禽与牧草资源创新利用联合实验室建设。在阿根廷国家农业研究院总部，双方进行了座谈与交流。中国热科院代表团参观了阿根廷国家农业研究院下属单位植物遗传所和生物技术研究所，了解了该院遗传生物技术育种、牧草转基因育种方面的研究现状，并赴图库曼省访问本次重点合作单位查考半干旱区畜牧研究所（Animal Research Institute of the Semiarid Chaco Region，IIACS - CIAP - INTA），并与该所研究人员进行了学术交流，了解了该所林—草—畜生态循环放牧系统和肉牛甲烷排放系统研究现状，对双方合作领域进行了商讨，确定了具体合作研究内容。

三、中国与阿根廷在农业合作方面的优势

阿根廷农牧业在国家经济中占有重要地位，每年冬天农闲季节，阿根廷都要举办一次全国农牧业博览会，迄今为止已有 130 多届。阿根廷是一个农牧业强国，从大豆、玉米到牛肉，在国际市场上都有很强的竞争力。阿根廷的农牧业优势一方面得益于气候和土壤的自然条件，另一方面也源于阿根廷人在农牧业领域长期不倦的科技投入和创新。

阿根廷是世界上主要的大豆出口国之一，但长期以来，转基因大豆种子一直由跨国公司控制。2001 年，阿根廷 21 个大豆农场主以"成本共担、成果共享"的原则，共同出资成立了塞雷斯生物技术公司，自主研发适合当地土壤和气候的转基因大豆种子。经过多年研究，该公司成功研发出抗旱抗盐碱大豆种子，打破了跨国公司的技术控制，取得了很好的市场效果。阿根廷生源霸科公

司主攻畜牧业用药，是全球领先的口蹄疫疫苗生产商之一，目前已经在中国设立合资工厂，专门生产口蹄疫疫苗，这是首家获中国政府批准进入该领域的外资企业，是一个典型的细分领域隐形冠军。上述两家生物技术公司，都是依托阿根廷巨大的农牧业市场不断探索发展起来的，一方面提升了本国农牧业科技水平，另一方面科研企业也获得了巨大的经济效益。

阿根廷国家应用科技研究所专门为大中型农场研发出一套用低轨道卫星监控作物生长的管理系统。这套系统把监控区域划分为 5 公顷大小的区块，随时将区块内的土壤温度、湿度、作物生长状态等信息传送到农业公司的电脑中，管理人员据此来安排施肥或联系收割服务。国家税务部门也通过分享这套卫星系统来检查农场的播种类别和收割时间，以核实农场主的纳税状况。卫星监控和数据联网为农场主和政府部门都节约了许多管理成本。阿根廷以农业立国，农民都爱惜土地，一块土地种几年粮食，就会转为牧场，休养生息。谷物的种植普遍采用了免耕直播技术，避免翻耕造成的土壤风化和流失。这些管理思维和农业科技的应用，让阿根廷的农业竞争力变得可持续。

阿根廷在农业方面的创新竞争力具有极强的应用潜力，这使阿根廷作为一个发展中国家，同时也是一个农业大国和农业强国，在全球农业发展领域具有极强的话语权。中国是世界上最大的发展中国家，但是在农业发展水平上远低于阿根廷，阿根廷农业的先进经验值得中国学习借鉴。同时中国作为世界上的农业大国，但是并非农业强国，需要大量进口农产品，中阿两国互为对外贸易合作对象，两国农业发展有着极强的互补性，这也是中阿两国农业合作的重要出发点。

第二节 中国与阿根廷农业合作的现状

一、阿根廷是中国进口大豆的重要来源国

中国加入 WTO 以来，阿根廷的大豆生产开始与中国经济发展及农业对外开放紧密联系起来。时至今日，大豆及其衍生品已成为两国贸易中最为重要的商品。

中国已经成为阿根廷的第二大贸易伙伴和最大的农产品出口市场，阿根廷则是中国在拉丁美洲的第四大贸易伙伴。据中国海关统计，2019 年 1 月至 4 月，中国与阿根廷贸易总额达 40.6 亿美元，同比增长 3%。中国从阿根廷主

要进口大豆、肉类和海产品等农产品，对阿根廷主要出口机电产品、高新技术产品和通信产品等工业制成品。过去一段时间，阿根廷对华贸易持续维持逆差状态，贸易不平衡状况较为严重。随着中国对阿根廷农产品进口不断扩大，2019年以来，双边贸易趋于平衡发展。

二、中国是阿根廷大豆出口第一大目的地

目前中国大豆产需缺口明显，需要依靠国际市场补充，用作饲料的豆粕也主要靠进口满足需求。目前中国大豆总需求量约在1亿吨，2018年，中国国产大豆总产量为1 500万吨左右，进口大豆总量达到8 500万吨以上。在大豆进口中，自巴西进口大豆超过总需求量的六成，自美国进口大豆约占到两成。尽管中国从阿根廷进口大豆占总进口量的比重不到10%，但占阿根廷大豆出口总量的九成左右。受中美贸易摩擦影响，自2018年7月中国对美国大豆加征25%关税后，中国国内大豆进口企业加大了对南美洲市场的采购比例。2019年1月至4月，中国自美国进口大豆量同比下降70.6%，自阿根廷进口大豆量则大幅增长了23倍。

三、中国是阿根廷牛肉出口第一大市场

中国作为世界上最大的牛肉进口国，阿根廷牛肉协会最新数据显示，2019年1月至5月，阿根廷牛肉出口量约18万吨，同比增长44%，而其中近13万吨出口到中国，占总量的近72%，同比增长106%。目前，两国政府已就阿根廷带骨冷冻牛肉和冰鲜牛肉输华检验检疫问题达成协议，阿根廷牛肉有望全面进入中国市场，阿根廷也成为首个可以向中国出口冰鲜牛肉的南美洲国家。

四、阿根廷对华水果出口潜力无限

阿根廷地处南半球，与中国季节相反，两国水果贸易互补性强。近两年，大批来自阿根廷、智利等南美洲国家的新鲜水果正源源不断地输往中国消费市场。继葡萄之后，阿根廷蓝莓于2018年10月成功准入，在2018年12月G20峰会期间，中阿两国签署了樱桃出口协议，有望在未来10年内为阿根廷创造

超过 10 万个就业机会。阿根廷樱桃等水果产量高，但由于欧洲和美国市场已趋近饱和，获得中国市场准入对其意义重大。扩大阿根廷水果进口有利于两国农产品贸易发展，丰富中国冬季水果消费市场。

五、中阿农业产业链合作不断延伸

中国早期在阿根廷投资的主要领域是渔业和渔业资源加工类产业，随着两国经贸合作不断深入，中国企业在阿根廷农业生产、农业机械制造和生物科技等领域的投资项目日益增多，产业链合作不断延伸。

六、中阿在苜蓿进出口方面加强合作

阿根廷是全球苜蓿草种植面积位居第二的国家，仅次于苜蓿草第一大国——美国。近年来，中国和阿根廷在苜蓿产业发展方面加强合作，中国成为阿根廷第六个苜蓿出口国。

第三节　中国与阿根廷农业合作存在的问题

阿根廷作为拉丁美洲地区重要的农业大国，在传统农业发展领域具有显著的特色及一定的优势。中阿进行农业合作，开展海外投资，进行海外农业开发项目，还有许多值得研究和在实际操作中不断总结的问题。

一、人员管理

阿根廷与中国地域距离较远，在海外进行农业开发，必然有中方技术和劳务人员的输出，中方人员能否在海外安心工作，不仅需要有严格的合同约束，同时也需要有科学的管理方式，否则将对项目的顺利进行及延续性造成负面影响。

二、农业产出的市场因素

中国拓展海外市场初衷是将海外农业开发项目的产出向国内供给，从而达到规避国际市场价格波动所造成的风险。但是，农业产出在海外物流体系的作用下，很难达到直接向国内输送，或者成本较高。因此在海外农业开发的初期，农业的产出还应适应当地市场的需求和物流体系，不能追求一蹴而就。

三、适应性

在阿根廷进行农业开发项目，还需要与当地企业或组织合作，这样有利于提高项目的适应性，单枪匹马开拓在前期探索阶段不免有些不合理，应该充分利用好当地农业企业和组织的一切资源。

四、阿根廷对外国人购买土地的限制

近几年中国对外投资大量增加，给拉丁美洲地区带来了强烈的土地所有权威胁危机意识，也迫使各国开始检讨本国的土地法。2011 年 12 月，阿根廷政府通过了一项限制外国人购买土地的法案，对外国人购买土地的数量和用途进行了明确规定，这也让中国黑龙江农垦总局旗下的北大荒集团公司投资 1.5 亿美元购买 300 公顷土地用于农业种植的计划落空。

五、阿根廷短期经济增长前景堪忧

从 2013 年开始，矿产、能源和农产品价格下跌对拉丁美洲地区造成较为严重的净出口损失，阿根廷还面临通货膨胀率高、失业率上升、社会矛盾激化等一系列问题。伴随美联储结束量化宽松政策，美元升值预期增强，阿根廷短期经济增长前景堪忧，中国和阿根廷贸易投资合作前景不容乐观。

六、农药领域合作需注意的问题

阿根廷农药市场前景广阔，但有些问题应该引起国内农药企业的高度重视，并要采取有效措施及时化解。一是政府资源有限，登记程序日趋复杂，企业必须对自己需要登记的农药品种成功的概率做到心中有数，避免盲目登记。二是国际农药残留限量规定日益成为贸易屏障，在申请农药登记时，企业必须考虑其出口的目的国是否具有相关的农药残留规定，且残留量是否低于限值，避免农药残留风险。三是社会各个层面对公共卫生和环境安全的日益关注使得农药的命运被轻易改变，企业一方面要在出口的目的国培养人脉资源，另一方面要熟悉国情，把握农药市场发展动向，避免贸易风险。四是在农药登记的过程中，登记要求越来越高，登记政策明显向生产厂商倾斜，单纯的贸易公司以后将逐步被淘汰。

第四节　中国与阿根廷农业合作的展望

一、今后的合作重点

中国和阿根廷同属发展中国家，也都是农业大国，尽管中国与阿根廷的国情有所不同，但都面临着许多共同的问题，比如国际农产品市场的开放问题，发展中国家的均衡发展问题，发达国家对农产品大量补贴造成发展中国家处于竞争劣势的问题，以及如何应对大型跨国公司控制粮食国际贸易的问题等。同时中国与阿根廷又是重要的粮食贸易伙伴，相互之间发展合作具有广阔的前景。

（一）种植业、畜牧业、渔业等领域的合作

2012年5月23日，中国农业部部长韩长赋在北京会见阿根廷农牧渔业部部长亚乌哈尔。韩长赋指出，双方即将签署共同行动计划，推动种植业、畜牧业、渔业、农业投资等领域合作项目的有序开展。亚乌哈尔表示，阿根廷农业部将成立一个专门工作团队来负责与中国的农业合作，双方共同研究制定各领域合作的工作日程表，推动双方在农业科技研发、种业、乳业、畜牧兽医、渔业、农产品贸易和农业投资等领域合作取得更大进展。

阿根廷属于典型的亚热带气候，农业水平较为发达，在玉米、大豆及小麦种质资源开发及产品研发领域具有独特的优势，中阿双方可以在种质资源利用、新品种选育、现代生物技术应用等相关领域进行广泛的合作。

在工厂化养殖、综合养殖、绿色养殖等方面，中国均具有出色的实践经验，可以帮助阿根廷改善国内养殖品种单一、技术含量低的现状，实现阿根廷渔业产业结构的战略性调整。

水产品加工也是中阿渔业合作的重要领域之一。中国作为水产品加工大国，具有丰富的加工经验，通过市场调查等手段了解阿根廷国内市场对加工水产品的需求，可以有针对性地在阿根廷本土开展水产品加工。通过中阿两国水产品加工业的合作，探索水产品加工的综合利用水平，根据国际及国内市场需求开拓水产品加工新领域，并以水产品精加工、深加工和综合利用为重点，开拓海洋药物、海洋化工和海洋功能食品等新兴加工业。

阿根廷地处南半球，海岸线绵长，具有较为丰富的渔业资源。在渔业发展过程中，中国与阿根廷都经历过渔业资源的衰退，以此为前车之鉴，双方应共同探讨渔业养护与管理的理论与实践，就投入与产出控制、技术管理措施、经济手段控制等渔业管理措施对资源养护的效果进行交流。为了与国际接轨，双方还可以就捕捞配额制度、水产品的可追溯体系、全球海洋管理委员会（MSC）可持续渔业标准认证等开展合作研究与实践，以促进渔业可持续发展及水产品产销监管链的形成。

双方围绕渔业可以开展多元化的合作，除了通过境外股权并购投资海洋捕捞和水产养殖业，还可以在港口建设、水产品加工、冷藏设施建设、渔船建造和维修、渔具设备生产、鱼粉工厂建设等领域开展合作。

（二）有机农业发展的合作

阿根廷在推广有机农业，扩大出口份额，获取高额回报等方面具有经验。在发展农产品加工、利用生物技术改进品种等方面的先进技术，可资中国学习和借鉴。

（三）农药领域的合作

中国是农药生产大国，农药企业应该瞄准拉丁美洲农药市场，主动走出去，开展全方位、多形式的农药贸易和农药加工产业合作，积极推进中国与拉丁美洲国家农药产业对接，实现多赢。阿根廷的农药市场潜力很大，在大豆上使用的农药品种和数量居多，5 年前农药消费量每年约以 20％的速度递增。阿根廷所需的农药基本依赖进口，在已登记的 1 890 个农药制剂中，中国农药产品只有 46 个；在已登记的 521 家农药供应商中，中国农药供应商只有 51 家。

二、正视农业合作中的障碍

在阿根廷进行农产品贸易和投资也存在一些障碍，值得投资商和贸易商注意。一是阿根廷政府行政效率有待提高，例如经常存在申办案件程序因承办人不同而随意调整等情况；银行等机构人员拥挤、办事效率低。二是由于政治或利益团体需要，常对一般行政规章、法令、决议或公告事项大幅修订或调整，造成投资风险相对提高。三是税负过高，例如开征额外出口税，暂时性向所有阿根廷出口货物征收额外出口税，包括出口至南方共同市场，其中对谷物、鱼类、蔬菜及水果等初级产品出口征收额外 10% 的税，对肉类、奶制品、食用油等产品额外征收 5% 的税；一般公司、行号、店面的税负繁重。四是劳动力成本过高，由于阿根廷社会福利高因而对劳动力保护也过高，成为企业经营的一大负担。五是阿根廷金融信用不足，可能造成资金成本高。另外，大多数农牧业产品的进口必须提供经阿根廷领事馆认可的卫生证明。与阿根廷开展农产品贸易与投资还需要深入、及时了解当地文化差异和投资、劳工、税负等相关法令。阿根廷律师及会计师良莠不齐，要谨慎选择投资伙伴等。

(一) 农业产业链投资合作的障碍

阿根廷有广大的种植土地资源，但缺少资金和技术。中国企业不应再仅仅满足于面对国内市场做转口贸易，而是要在阿根廷建立从种子培育到农场种植，再到化肥、农药、仓储、运输、加工，甚至期货市场的整条产业链，让阿根廷农产品种植和销售面向中国企业采购需求，从而促进大豆等农产品采购来源多元化。中国农业企业可以考虑在阿根廷开展订单农业，根据需求在播种前"下单"相应的农产品，规定好数量、质量和最低保护价等要素，由阿根廷农场"照单种植"。以高度商业化的农业投资合作方式提升效率，既可以发挥阿根廷的巨大农业产能，也有利于丰富中国的农产品市场。

(二) 农业基础设施投资合作中的障碍

阿根廷原有的农业基础设施老化问题较大，而新的粮食港口和码头等农业基础设施主要通过私有化被欧美企业垄断，且严重缺乏农田排灌系统等农业生产设施。中国企业可利用基础设施和农田水利建设方面的资金、技术、设备和经验等优势，满足阿根廷国内不断增长的农业基础设施建设需求，帮助其改善内部交通状况，提高阿根廷农产品运输能力，促进其农产品出口。阿根廷土地资源丰富，有大量的农业资源处于低度开发以及未开发的状态，加强对阿根廷农业基础设施投资合作，推动阿根廷农业资源开发和利用大有可为。这不仅有利于提升阿根廷基础设施水平，为当地创造就业机会，促进其经济发展，还将有力地推动中阿合作迈上新台阶。

（三）农产品进口贸易的障碍

中国和阿根廷远隔重洋，很多阿根廷农业企业对中国市场缺乏了解，中国消费者对阿根廷农产品的认知程度也不够。中国国际进口博览会（以下简称"进博会"）的举办为两国经贸关系的进一步发展提供了良好机遇。阿根廷企业界对参加进博会显示出了浓厚的兴趣，首届进博会上设立了阿根廷国家馆，阿根廷不同省份也都推介了自己的特色商品。未来可进一步积极利用进博会平台加强中阿农业企业对接，进一步推动高质量阿根廷农产品进口，满足中国市场需求。

（四）农产品电商合作的障碍

阿根廷中小企业众多，十分重视电子商务对推动农产品出口的作用，但是阿根廷电子商务贸易的配套建设在通关、物流等方面仍有较大不足。中国电商平台企业正在全球范围内推动 eWTP（世界电子贸易平台）建设，通过建立24 小时通关、税收优惠等机制推动世界各国支持中小企业快速发展。2018 年12 月，中国和阿根廷签署了《关于电子商务合作的谅解备忘录》，未来将有更多阿根廷中小企业通过"丝路电商"进入更广阔的中国市场和全球市场。

三、把握中阿农业合作的契机

中国有 14 亿人口，对阿根廷而言，中国是一个战略市场，也是新的机遇。

阿根廷布宜诺斯艾利斯谷物交易所与阿根廷国际农业商业研究所基金会分析了阿根廷农业产业在中阿战略关系中获益的可能性。中国在 2016—2018 年最需要的农产品有：大豆、棕榈油、冷冻牛肉、葡萄酒、动物内脏、鱼粉及其颗粒。中国购买了全球大豆总产量的 1/3，占该商品全球需求的 60%。主要供应国是美国，但由于中美贸易摩擦，巴西已取代了美国。这项研究指出："中美贸易摩擦和非洲猪瘟之类的局势为阿根廷和该地区其他国家提供了贸易和谈判的特殊机会。"贸易摩擦框架下的关税限制主要影响了美国农产品出口中国，尤其是大豆。该研究指出："这场冲突对阿根廷既有积极因素又有不利因素，相对于向中国出口未经加工大豆的积极因素，对阿根廷当地大豆加工业是特别不利的，当然这种情况不包括农产品出口税差异和 2017—2018 年度干旱对农业的影响。"关于非洲猪瘟，中国自 2018 年 8 月以来一直对该病采取措施。尽管已实施了控制措施，但据荷兰合作银行估计，到 2019 年底，中国的猪存栏量已累计减少了一半。研究还表明，中国这种情形可以转化为进口量的增加，以满足消费的需求。预计猪肉的消费量将下降，而其他肉类（牛肉、禽肉）的消费量将增加。由于中国国内产量较低，与之相对应的是，动物饲用谷物和蛋白质粉的需求将受到影响。"尽管上述情况可能使阿根廷的大豆出口量下降，但对肉类销售，尤其是牛肉而言，是一个巨大的机遇。2019 年前 11 个月，阿根廷对中国的肉类出口量增长了一倍以上，占阿根廷出口总量的 75%。"在这种情况下，阿根廷成为中国的天然伙伴，阿根廷是世界上最大的粮食净出口国之一，有能力满足中国的需要，以解决短期需求，并将成为中国的长期战略伙伴。

第十一章 CHAPTER 11
阿根廷农业发展的经验和启示 ▶▶▶

第一节　阿根廷农业发展的经验

一、重视对现代农业生物技术的应用

阿根廷政府重视对育种技术的研究和推广，阿根廷在 1956 年就成立了农牧业技术研究所，该机构不单单是农业技术研究单位，还是先进农业技术推广机构。此外，阿根廷拥有众多的私人种子公司，政府不仅支持和鼓励本国企业对育种技术进行研究，还积极引进国外的先进育种技术，其中以转基因大豆技术引进和推广最为彻底和全面。目前，阿根廷已经成为世界上主要利用转基因技术进行农业生产的国家之一，自 1996 年转基因农作物技术被引进阿根廷市场后就以前所未有的速度推广种植。目前，阿根廷农户种植的大豆全部属于转基因大豆，86％的玉米属于转基因玉米，99％的棉花属于转基因棉花。这项技术为阿根廷源源不绝地带来巨大的经济收益。根据阿根廷生物技术与信息和发展委员会 2011 年发布的《转基因技术应用于阿根廷农业 15 年》报告指出，截至 2010 年，转基因技术应用于阿根廷农业生产的 15 年间，共为阿根廷带来 726 亿美元的经济收益。

阿根廷重视农业生物技术的应用，已经发展成规模化、机械化、信息化的现代农业国家。阿根廷政府把生物技术产业作为农业发展的重要目标，为了快速利用新的转基因品系，甚至从政策上缩短了审批时间。不过阿根廷并非一味崇尚国外转基因技术专利，相反非常注重提升本国的创新能力和竞争能力。政府一方面大力扶持国内技术研发抗旱甘蔗、抗旱玉米和大豆等，同时也注重国际合作，促进本国研发和商业化能力，并借机参与全球的农业产

业链和市场中。

二、重视免耕体系的使用，保护耕地资源

免耕又称零耕，是指作物播前不用犁、耙整理土地，不清理作物残茬，直接在原茬地上播种，播后作物生育期间不使用农具进行土壤管理的耕作方法。免耕种植技术具有节省能源、增加土壤有机质含量、增加土壤含水量和水分有效性、减少土壤风蚀和水蚀、减缓土壤退化的过程等优点。

阿根廷农业科学工作者在以阿根廷潘帕斯地区为主的不同土壤和气候条件下，对作物免耕进行了较为详尽深入的研究，对于阿根廷农业由传统耕作型向保护型转变具有决定性的意义。阿根廷的免耕研究内容主要包括：①土壤物理特性和土壤化学特性的变化，物理特性的变化包括土壤紧实度、容重、孔隙度、土壤团聚体的变化；化学特性的变化包括土壤有机碳组成与含量、养分组成与含量的变化、CO_2—C 交换率；②土壤微生物特性的变化；③土壤温度和水分特性的变化；④土壤侵蚀的变化。

1977—1978 年度阿根廷有大约 2.5 万公顷耕地采用免耕体系，1996—1997 年度，扩展到 440 万公顷。2004 年谷物、油料作物、棉花、水稻等作物的种植面积达到了 2 500 万公顷。生物技术的进步、免耕体系的广泛应用和目前处于湿润周期的气候条件，被认为是作物种植面积大幅度增加的主要因素；在整个科尔多瓦省、圣菲省和布宜诺斯艾利斯省的免耕普及率已经接近100%，免耕使得阿根廷在传统的耕作条件下产量水平不稳定的大片地区的土壤持水性和水分的渗透性提高、土壤有机质含量增加，土壤的退化过程得到有效缓解，有效地降低了机械作业的成本，使阿根廷农业进入可持续发展的良性循环，成为南美洲的粮食和其他农产品的出口大国。中国北方地区近年来发生的沙尘暴和春季播种期的严重干旱，给农业生产带来了巨大的损失，对保护性耕作体系的深入研究和推广普及已经变得十分紧迫，阿根廷保护性耕作研究和运作的成功经验，对于中国保护性耕作的研究与发展具有十分重要的借鉴意义。

免耕技术的广泛使用带来了环境效益的显著提升，结合转基因技术带来的大豆生产成本的降低，大大扩大了采用免耕技术生产大豆的种植面积，目前阿根廷全国作物种植面积约 75% 采用免耕。免耕技术的使用避免了阿根廷大豆

主产区土壤流失，改良了土壤，使得阿根廷农业生产变得可持续。转基因除草剂大豆的发展推动了免耕技术的普及，使阿根廷大豆主产区的土壤流失速度降到2吨/（年·公顷）以下，远低于通常认为可承受的10吨/（年·公顷）的水平。此外，免耕技术还节约了能源，降低碳排放。种植每公顷大豆所消耗的汽油从1996年的35.8升减少到2010年的22.2升。由于种植抗除草剂大豆，阿根廷2012年由于燃料使用量减少导致永久二氧化碳减少7.36亿千克，潜在额外土壤固碳111.86亿千克，相当于一年内从道路上减少普通家庭汽车32.7万辆。转基因技术与免耕技术协同应用，能够对土壤结构及能源有效利用产生积极作用。

三、重视充分挖掘土地资源的价值

20世纪80年代，阿根廷农业的化肥使用量较低，再加上长期的耕作使得土壤肥力急剧下降，农业单产也出现下降，因此通过化肥、农药以及其他相关耕作技术的推广使用改善土地肥力增加单产，对当时的阿根廷农业发展显得颇为迫切。20世纪90年代，阿根廷开始了新的农业技术革命，阿根廷农民在农业生产中开始广泛使用化肥，每公顷土地的化肥使用量开始增加。除此以外，免耕直播、微生物技术以及轮作技术也在阿根廷的农业生产中得到广泛运用，其中，免耕直播技术主要应用于转基因大豆技术的生产。在20世纪90年代初，三个重要原因加快了大豆免耕直播技术的推广速度，其一就是在1996年，转基因大豆（含RR基因，抗草甘膦）被引进阿根廷的农业生产体系，草甘膦作为杂草杀手，在免耕直播技术中可以得到极大利用，因为它不仅可以分解植物残体，而且分解后的植物残体营养转化为土壤肥力。免耕直播技术和转基因大豆的"强强联合"，不仅可以加快大豆种植速度，还提高了大豆产量。另外两个原因分别是草甘膦价格的大幅度下降以及阿根廷农业政策的转向，这两个因素为转基因技术推广扫清了成本障碍和制度障碍。农药的使用对于农业生产是一柄双刃剑，一方面农药除害提高了产量，另一方面也带来环境的破坏以及对农民的生命健康的侵蚀和威胁。在此情况下，微生物在农业生产的增肥除害作用得到重视。当下，阿根廷90%左右的大豆生产农户利用大豆根瘤菌剂作为氮肥的替代品，这种菌剂不但提高了大豆产量（75千克/公顷），而且无污染、成本低廉（5～10美元/公顷）。轮作技术也开始在阿根廷得到加速推广，由于大豆种植面积和推广面积太广，导致阿根廷农作物种植结构单一化趋势明显，阿根廷政府开始努力转变这一趋势，大力推进轮作生产技术，大豆同玉米以及冬小麦的轮作是今后阿根廷农业发展的重要方向。

四、重视农业机械化水平的提升

阿根廷农业机械推广工作起步很早，但是一直发展缓慢。20 世纪 60 年代末以后，阿根廷政府开始加大农业机械化的发展速度，一方面进行自主生产，另一方面积极引进外资。1994 年以来，阿根廷农业开始了生产技术革新，农业机械产业也开始快速发展，农用拖拉机、播种机和收割机的需求以及销量得到较大增长，阿根廷的农业机械化水平不断提高。目前，阿根廷农业生产率居拉丁美洲国家前列，阿根廷的大农场从耕地、播种、施肥、撒药、收割、加工到运输的过程全部实行机械化生产。农业机械化水平的提升大大增强了阿根廷农业在国际市场上的竞争力。

五、重视制定适宜的农业发展政策

阿根廷的农业是外向型农业发展模式，积极投身于世界农业市场的竞争，因此阿根廷的农业政策以提高本国的农业竞争力为主要目的，主要手段就是"松绑减负"以及创造良好的外部竞争环境，为此阿根廷政府逐步取消和降低出口关税。同时阿根廷政府积极致力于通过国际谈判促使国际农产品市场更趋自由化，此外政府加强基础设施建设，改善运输系统，以期减少物流成本，增强农产品国际竞争力。阿根廷政府十分重视对外资的引进利用，对于外资的引进几乎没有任何限制。同时，阿根廷政府对农业科技的研究推广也十分重视，采取了多种积极的策略，制定合理的农业政策促进本国农业的健康发展和壮大。

(一) 为农业发展 "松绑减负"

1991 年以前，阿根廷政府拥有名目繁多的税种，税种的繁复加重了农民的生产负担，严重阻碍农民生产积极性，不利于阿根廷农业发展进步。1991年开始，阿根廷采取统一税收原则对农牧民和农户征税，不单独设立其他税种和征税机构，同时实行对农牧业的轻税原则的税收政策，减少了一系列税种，如对农牧业出口产品实行上游环节全额退税政策，只对 90％ 的农户收取个人所得税，对农业营业税按最低 1％ 的税率执行征税等。税收减少以及正规化有效地减少了农民的生产费用。此外，对于口岸政策也进行了大幅度修正，降低和取消了各种类型的出口税和检查费用，间接减少了农业生产成本，降低了农产品价格，有利于农产品国际竞争力的提升。

（二）创造良好的外部发展环境

阿根廷农业生产和贸易直接面临国际市场，因此阿根廷政府十分重视对国际市场的开拓，目前由于亚洲市场非常广阔，阿根廷政府将其作为一个重要的"进攻"方向。阿根廷政府还积极与各国政府开展积极有效的贸易谈判，建议各国减少乃至取消贸易壁垒，推行自由的国际贸易政策。

（三）重视基础设施建设

便捷高效的基础设施有利于减少运输费用，减少农产品运输的中间费用，有利于降低农产品的价格，提高农产品的国际竞争力。私有化以来，阿根廷政府利用公共资金和私人资金改善本国的运输系统。主要思路是提高运输效率和减少运输费用。为此，阿根廷政府和私人企业投入大量资金用于改善公路系统、铁路网络、水路条件以及港口设施。阿根廷政府出台了 2016—2019 年交通基础设施建设计划，计划包含了 224 个涉及公路、铁路、机场和港口等领域的招标项目，投资 332.25 亿美元用于基础设施方面的建设，其中 55.5 亿美元属于私人投资。此外，阿根廷政府还积极引进外国资本用于改善本国的基础设施。

（四）外资引进

20 世纪 90 年代，阿根廷政府进行大规模的经济改革，对内进行大规模私有化浪潮，对外则积极引进外国资本，对于外资的引进条件，阿根廷政府没有过多限制，农业领域是阿根廷政府着力进行外资引进的部门。外资进入阿根廷农业市场，一方面为阿根廷带来丰富的发展资金，另一方面也为阿根廷农业带来先进的生产技术和生产理念。在农业生产资料的很多方面，外资的引进为阿根廷农业的发展或多或少做了贡献，尤其是转基因技术。转基因技术的引进帮助阿根廷提高了育种技术，进而增加了农业产量；农用机械的引进提高了阿根廷的农业机械化率，农业生产效率自然而然得到提升。

（五）科研推广

先进的农业生产技术需要推广普及才能得到广泛运用，农业技术的推广普及是一项系统而复杂的工作，阿根廷政府于 1956 年成立农牧业技术研究所，经过半个多世纪的发展，阿根廷形成了全国的科研普及网络体系，完整高效的网络能够及时为农牧民提供各类的农牧业信息以及技术的指导。此外，阿根廷还拥有不少大学教授农牧业相关知识，培养人才。

六、重视建设高质量的国家农业技术研究创新战略

阿根廷农业知识和技能的产生离不开创新行动计划。在面临各种新的挑战时，阿根廷国家农业技术研究院通过制定创新战略，促进竞争力的提升、环境可持续发展和广泛的社会参与。创新行动计划涉及的内容主要有：通过工艺和产品创新，扩展知识边界，进入具有较高商业潜力的动态市场，特别是生物技术、基因资源、信息技术等重要领域；缩小农业、牧业、食物及农业产业部门和生产系统的技术差距，提高生产率、盈利能力和市场绩效；提高食物生产的整体质量，包括营养、感官特征、稳定性、保存过程和质量管理（可追溯性和环境关注）等方面；制定农村环境战略、传播关键农业技术（如精准农业、温室效应平衡最优化等）和改善在农场及生态区域层次的环境管理系统；通过技术的适应性调整，改善农业食品和农业产业链中的小规模生产，重视传统知识、农机调整、自制工艺、有机生产、农业工厂等；制定技术和组织战略，推进创新工程，加强社会参与和地区发展。国家农业技术研究院创新发展战略的核心是在农业、牧业、食物及农业产业系统的技术和制度创新。组织设计上分为四个构成部分或子系统，分别是技术研发、转化推广、技术转移和机构合作。彼此之间在不同的干预领域协调行动，采用的是开放式设计和公共及私人的无缝隙联系。通过战略网络和联盟以及跨机构间的组织，促进了科学技术技能和能力的整合。这种合作需要创新循环的不同构成部分协调行动，从而确保在价值链、生产系统和区域层次上产生强

有力的影响。

第二节 阿根廷农业发展的启示

一、发展中国家必须重视农业的基础性地位

广大发展中国家在实现现代化的进程中一定要充分重视农业的基础性地位，发挥好宏观调控作用，促进经济各部门的协调发展。阿根廷工业化目标之所以失败，一个不可忽视的原因在于其对工农业两部门关系的认识不够准确。

要充分认识到国民经济中一、二、三产业的关系，充分协调各部门的角色。事实上，国民经济各部门都是相互依存、相互影响的。用牺牲一个经济部门的利益来发展另一个经济部门的做法，必然既削弱原有的相对优势部门，又使需要优先发展的部门失去支持。此外，政府对本国经济发展中的失衡现象进行适当干预是必要的，一旦干预过度，则会造成严重后果。1945 年后，阿根廷将工业化作为国民经济发展的政策重点并无不妥，但是矫枉过正。应该通过优先发展工业实现工农业两部门的协调发展，而不是以牺牲农业部门为代价推进工业化进程，最终使阿根廷陷入严重的政治经济危机，丧失了发展机会，削弱了农业的优势地位。

二、发展中国家发展过程中必须深刻认识到本国农业发展中的优势和劣势

发展中国家在追赶发达国家的过程中一定不能放弃自身的比较优势。众所周知，阿根廷的比较优势是农业，农业发展的好坏直接关系到阿根廷经济发展的全局。阿根廷历史上将工业化作为其经济发展战略的核心大力推动，而对具有比较优势的农业却采取了全面剥夺的政策，当阿根廷农业的比较优势消失殆尽后，政府经济发展战略失败的迹象也越发明显，最终在一定程度上导致阿根廷成为经济发展失败国家的典型。与之相反，澳大利亚、新西兰两国却利用自己的农牧业比较优势，最终成功跻身发达国家之列。这一鲜明对比充分说明了在经济发展过程中坚持自身比较优势的重要性。

三、发展中国家需要增强在国际社会中的话语权，避免遭受发达国家的经济制裁

2018 年全球经济复苏，大宗商品价格上涨，阿根廷结束了长达 16 年的经济紧急状态，经济表现出明显好转。在 2018 年年初的达沃斯世界经济论坛上，阿根廷总统马克里表达了对阿根廷经济恢复增长的强烈信心。然而，随着美国联邦储备委员会（美联储）加息，美元不断走强，对美元依赖度过大的阿根廷货币比索持续贬值，阿根廷比索兑美元一度贬值超过 90%。本币大幅贬值打断了阿根廷经济连续 7 个季度增长的良好复苏势头，2018 年阿根廷通货膨胀率超过 47.6%，经济衰退超过 2.5%。2019 年以来，尽管阿根廷货币汇率有所稳定，但大选可能带来的政治风险给阿根廷经济增长增添了不确定性，再加上利率居高不下，货币贬值和通货膨胀风险犹存。

四、发展中国家需要增强农业灾害天气预警

阿根廷是农业大国，是全球最大的豆粕和豆油出口国，也是世界排名第 3 位的大豆和玉米出口国。农业是阿根廷的支柱产业，其农产品超过六成用于出口，大规模农产品出口一直是阿根廷经济的安身立命之本。一旦农业受创，意味着经济下滑、外汇减少。2018 年，阿根廷重要产粮区出现不同程度的自然灾害，尤其是上半年的旱灾，导致大豆减产三成以上，对贸易影响巨大。美国农业部统计数据显示，2017—2018 年度阿根廷大豆产品大幅减至 3 780 万吨。

五、优势农业产品需要多渠道挖掘开拓国际市场，降低国际贸易风险

发展中国家，尤其是农业国家，在农产品国际贸易中一定要增强自身的抗风险能力，增强自身在国际贸易中的话语权，降低贸易中的风险。根据 2019 年 6 月底欧盟与由阿根廷、巴西、乌拉圭和巴拉圭 4 个成员国组成的"南方共同市场"之间达成的《自由贸易协定》，欧盟同意在未来 5 年内，以 7.5% 的减让税率从"南方共同市场"每年进口 9.9 万吨牛肉。但因为欧洲的需求有

限，阿根廷还要面对来自巴西的竞争，必须寻求扩大其他肉类出口目的地。

六、充分挖掘优势农业的竞争力

阿根廷重视发展本国优势农业及其相关产业。随着对大豆及其相关副产品需求的增长，阿根廷有望成为全球最大的大豆生产和出口国。目前，阿根廷大豆的年产量达 5 000 万吨，种植面积占阿根廷全国耕地面积的 60%。就种植面积和产量而言，阿根廷和巴西粮食作物的增长率全球最高，同时，这两个国家也是全球最大的大豆及其副产品出口国。阿根廷大豆及其高附加值产品的出口常年稳定，为农业—加工业产业链和国民经济的发展注入了活力。较高的技术水平、大规模的生产设备以及低廉的加工成本，使得阿根廷大豆压榨厂的生产效率更高，极富竞争力。

七、发挥农业合作社在推动农业产业化道路中的作用

农业合作社可通过供、销、加工、服务等方式在农业经营者与各类工商企业、市场之间建立稳定的协作关系，可实现将分散经营的农业经营者集聚起来，作为一个整体统一对外谈判、统一物资采购、统一农产品销售和统一服务以共同应对市场风险。这样既保留了家庭农场的自主生产等权利，又帮助农业经营者解决了贷款融资、农业生产资料供应、农产品积压滞销、内部互相压价、农业科技推广等诸多难题，从而降低了生产成本，提高了生产效率，促进了农业生产。充分发挥合作社的作用，通过专业化的发展，将农业产业链不断向上下游扩展，形成从田间到餐桌的高效农业生产体系，还可缩减农业生产经营人口，将农业人口更多地转移到农业相关产业。

八、重视农业产业化发展

（一）将立足点放在农村，是阿根廷农业产业化的重要经验

世界农业产业化发展较为成熟的国家在发展过程中，往往都会将农业的产前、产后部门设置在农村，并且通过在乡村集镇成立各种一体化公司或合作社，为当地发展带来最大的利益。阿根廷就是这样一个典型，在农业产业化发

展过程中，当地政府将存在于乡村地区的农场看作是农业生产过程中的基本单位，通过设立各种合作农场，服务当地生产。农业生产中关于农产品产量最重要的两个因素一个是种子，一个是肥料。为了在这两方面把好关，阿根廷政府不遗余力地对其进行改善。首先在选择培育以及应用良种上，政府对农产品育种投入了大量的人力、物力，据不完全统计，阿根廷全国有近 20 个私人种子公司以及 30 余所农牧业技术研究所专门开展农产品育种工作。为确保新品种质量能够符合市场需求，政府还专门组织专家通过考察，颁布了《种子法》，明确规定孕育的新品种一定要经过 3～6 年观察、鉴定之后，达到合格标准才可以被允许大量生产和出售。在政府的努力下，阿根廷的小麦、玉米、高粱生产基本都达到了良种化，这为保障单产水平作出了积极的贡献。畜牧业发展领域，为提高牛的品种质量，阿根廷政府大力推广人工授精，加强对各种传染病的防控措施，为保障畜牧业产品质量安全起到积极的作用。

（二）重点推进农业产业结构调整，是保障农业产业化顺利开展的一项重要手段

对农业产业结构进行调整主要表现在两大方面。首先，阿根廷政府十分重视对产业关联效应的反馈。在市场需求的外部刺激下，阿根廷政府成立了以畜牧业尤其是当地最大产业——奶牛饲养业为核心的畜牧业产业结构。由于饲养业相对较强的关联效应，当地与其相关的种植业以及食品加工业获得了良好的外部发展，当地的食品业转变成为产业一体化经营中特别重要的一个环节。其次，对农业产业一体化经营体系进行不断完善。在阿根廷，符合生产、加工以及流通各环节一体化经营的农产品项目，相当一部分都完成了一体化经营的转型。在经过一体化经营的改革之后，当地的农业生产已经摆脱了传统单一的生产方式，农产品生产过程中生产、加工以及流通等链条无缝隙链接，本国的农业综合竞争力得到了十分明显的提升。

（三）不断完善农业社会化服务体系，是阿根廷农业产业化能够顺利进行的外在保障

为了确保农业产业化顺利开展，阿根廷政府通过农业社会化服务体系的不断完善，更好地促进本国农业的现代化发展。首先对于出口贸易来讲，当地政府充分运用谈判手段，积极为本国创造良好的外部环境。具体表现为阿根廷政

府在国际组织间，积极通过各种谈判，使本国农产品和畜产品可以在出口的过程中，最低限度地受到外国政策消极影响。为了避免贸易壁垒对本国农产品的限制，为本国农业增长创造良好的外部环境，阿根廷政府积极与南方共同市场、美洲自由贸易区以及其他国家开展卓有成效的会谈，当地政府甚至将政府间的经贸谈判专门交给外交部管理，并将其看作是一项重点工作。在口岸政策上，当地政府不是采取取消出口税就是选择降低出口税，这样大大降低了农产品出口成本，农民生产成本降低不仅仅使阿根廷农产品在国际上更具有竞争力，还为提高阿根廷百姓的生产积极性创造了条件。同时，鉴于运输系统在影响阿根廷农产品出口中的重要作用，阿根廷政府将本国的运输系统作为一项重点工作抓，对河道进行疏通，创造条件让大吨位越洋货船能够直接到达内河。为了使本国农民在生产过程中可以真正地获得国家支持，阿根廷政府还通过不断的定期培训，积极创造条件为农业产业化发展提供各种服务。

（四）政府积极有效地进行引导以及强有力的法律支撑

政府强有力的产业政策引导以及国家在法律层面对于农业产业化的支持，是确保农业生产顺利进行的重要外部保障。阿根廷政府通过对具有稳定的合同契约关系的积极鼓励，以及构建起各类市场风险防范基金，确保国家能够依照保护价格对农场以及农户的原料进行收购，这就从法律层面上保障了农业产业化发展。

（五）农业产业化结构不断创新

农业产业化进程当中，阿根廷政府积极对产业结构进行创新，为农业产业化发展提供源源不断的动力。阿根廷政府十分注重对初级产品进行深加工、精加工。

参考文献

|*Reference*|

查竞春，段振楠，2019. 古巴、巴西、阿根廷医疗卫生体制机制及启示 [J]. 特区理论与实践（2）.

柴智慧，赵元凤，2013. 拉美地区的农业保险：实践、挑战与启示 [J]. 世界农业（9）：123 -
126，188.

崔钰，崔慧，2016. 拉丁美洲养老保险改革及其对中国的启示 [J]. 社会保障研究（6）.

房连泉，2009. 增强社会凝聚力：拉美社会保障制度的改革与完善 [J]. 拉丁美洲研究（2）.

顾尧臣，2006. 阿根廷有关粮食生产、贸易、加工、综合利用和消费情况 [J]. 粮食与饮料工
业（5）：43 - 47.

李邦熹，2016. 小麦最低收购价政策效应及福利效果研究 [D]. 武汉：华中农业大学.

李志伟，2017. 阿根廷出口减税政策令农场主受益 [N]. 粮油市场报，2017 - 01 - 05.

倪思明，董鸣，2009. 阿根廷医疗卫生和医疗保障制度 [J]. 中国医疗保险（2）.

石人炳，章洵，2013. 拉美国家的社会救助改革及其启示 [J]. 中国社会科学院研究生院学
报（11）.

孙志刚，2014. 阿根廷、巴西医疗卫生体制考察报告 [N]. 中国改革报，2014 - 01 - 17.

王东升，饶克勤，2006. 巴西、阿根廷卫生保健体制改革与发展 [J]. 中国卫生经济（11）.

王相品，1999. 中外农业政策性金融理论与实务 [M]. 北京：中国金融出版社.

王效云，2020. 拉美国家的社会保障制度及其对中国的启示 [J]. 特区经济（6）.

许昭，2016. 阿根廷农业发展的启示 [J]. 中国农村科技（8）：76 - 79.

张浩淼，2020. 拉美国家的社会救助改革及其启示 [J]. 新视野（4）.

张红玲，刘艺卓，2012. 阿根廷农业生产、贸易和政策分析 [J]. 世界农业（9）：104 - 106.

Lema D，2018. Agricultural policies in Argentina [M]. Buenos Aires：Insituto de Economía -
INTA.